Das Lendas às Linhas de Código:
A Saga da Inteligência Artificial

TECK & AI

Das Lendas às Linhas de Código: A Saga da Inteligência Artificial

TECK & AI

© TECK & AI

Por que Escrevi Este Livro?

Vivemos em tempos de transformação. Máquinas que pensam, algoritmos que decidem, e um futuro que, ao mesmo tempo, nos fascina e nos assusta. O progresso avança rápido demais para que possamos acompanhar, mas devagar o suficiente para que possamos, em alguns momentos, parar e refletir.

Ao escrever este livro, procurei responder a perguntas que há muito ecoam na história da humanidade:
O que significa ser humano? Onde começa a máquina e termina o homem?

A jornada não começou com circuitos elétricos ou supercomputadores; ela teve início com mitos, sonhos e o desejo imortal de transcender limites. Esta obra é fruto da minha paixão pela evolução humana e tecnológica, não como um especialista em códigos ou redes neurais, mas como alguém fascinado pela busca por significado e pelo papel da humanidade nesse cenário.

A mente do iniciante – conceito tão bem trabalhado pelos mestres zen – guiou cada palavra escrita aqui. Escrevi não para dar respostas prontas, mas para provocar a reflexão, para instigar a curiosidade e para nos lembrar de que, em um mundo dominado por inteligências artificiais, nós ainda somos insubstituíveis na nossa capacidade de aprender, criar e reinventar.

Este livro não é sobre máquinas. É sobre nós. Sobre como, em cada desafio – seja ele uma máquina que vence o Jeopardy! ou algoritmos que moldam nossa rotina – nos levantamos, evoluímos e nos superamos. Porque, como disse Clóvis de Barros Filho, é preciso ter brio: aquela inquietação interior que nos empurra adiante, mesmo quando o impossível bate à porta.

Que este livro, em todas as suas páginas e histórias, possa ser um convite para enxergar o futuro com olhos renovados, com a mente aberta de um iniciante e com a coragem de quem não teme o progresso, mas o abraça como uma oportunidade de crescer.

Porque, no fim das contas, a maior vitória da humanidade é transformar o desafio em evolução.

TECK & AI
www.teckai.com.br

"A mente iniciante vê oportunidades onde os outros veem limites, porque não carrega o peso do 'impossível', apenas a vontade de aprender e evoluir."

Indice

Indice 6

Prefácio 10

Introdução: A Jornada Inimaginável 13

As Lendas de Metal e Pedra 15

    O Deus Ferreiro e o Gigante Protetor 15

A Alquimia dos Autômatos 18

    A Revolução Árabe e Chinesa 20

O Iluminismo e a Era da Razão 22

    A Luz Contra a Sombra 22

    O Corpo como Máquina: A Revolução Cartesiana 23

    "O corpo é uma máquina." 24

    A Era dos Autômatos Iluministas 25

    O Pato Mecânico: A Ilusão do Vivo 26

    Bonecos que Escrevem e Pássaros que Cantam 27

    O Legado da Era da Razão 28

A Era Industrial e o Nascimento dos Computadores 30

    O Rugido do Progresso 30

    Charles Babbage e a Máquina que Poderia Pensar 31

    Ada Lovelace: A Musa Matemática 33

    O Legado da Revolução Industrial: A Faísca do Pensamento Mecânico 35

O Pós-Guerra e a Fundação da Inteligência Artificial 36

    Seção 1: O Sonho que Se Tornou Ciência – A Conferência de Dartmouth 39

    O Verão que Mudou Tudo 39

    Os Arquitetos do Sonho 40

    As Ideias que Moldaram o Futuro 42

    O Otimismo Desmedido 43

O Legado de Dartmouth 44

Seção 2: A Inteligência Artificial no Imaginário Popular 45

Os Robôs Literários: O Fascínio do Substituto 45

O Cinema e a Imagem do Futuro 48

Entre o Medo e a Esperança 49

O Caminho para o Horizonte 50

Seção 3: Os Primeiros Desafios Técnicos e Filosóficos 51

O Otimismo Desmedido e a Realidade Cruel 51

Os Desafios Técnicos: O Peso das Máquinas 52

O Problema do Aprendizado 53

Os Embates Filosóficos: Mentes e Máquinas 54

O Mundo Responde: A Primeira Onda de Ceticismo 55

Um Campo em Transformação 56

O Presente – IA em Nossas Vidas 58

A Onipresença Silenciosa 58

Carros que Dirigem Sozinhos e Diagnósticos que Salvam Vidas 60

Os Antigos Mitos se Tornaram Reais 61

A Inteligência Invisível 63

A Promessa e o Alerta 64

Um Mundo Redefinido 64

A Ética e o Futuro – Máquinas com Alma? 66

O Fogo de Prometeu 66

Até Onde Devemos Ir? 67

As Perguntas Éticas: Devemos Temê-la? 68

O Dilema da Criação: Mitos e Realidade 70

A Coexistência com a IA 70

Um Futuro Incerto, mas Promissor 71

Conclusão: O Que Nos Torna Humanos 72

- A Inteligência Artificial e o Espelho da Humanidade 73
- O Futuro: A IA Como Extensão, Não Substituto 74
- O Legado da Criação 75
- Um Novo Amanhecer 75

A Jornada da Inteligência Artificial: Uma História de Sonhos e Máquinas 77
- No início, havia apenas perguntas. 77
- Os Primeiros Sussurros (Década de 1940) 78
- O Batismo da Inteligência Artificial (1956) 79
- O Primeiro Salto e a Primeira Queda (1960-1970) 80
- O Renascimento da Esperança (1980-1990) 81
- O Recomeço Silencioso (1990-2000) 82
- O Renascimento das Máquinas (2000-2010) 82
- A Era da IA Generativa (2010-2020) 83
- O Presente e o Amanhã 84

As Grandes Mentes por Trás das Máquinas: Empresas e Suas IA 85
- OpenAI: A Arquitetura da Criatividade 85
- Google DeepMind: O Mestre dos Jogos 87
- Microsoft: A IA no Cotidiano 88
- IBM Watson: O Cérebro Corporativo 89
- Amazon: A Voz nas Nossas Casas 90
- NVIDIA: O Poder que Move a IA 90
- Anthropic e Claude: IA com Consciência Ética 91
- O Futuro Moldado Pelas Máquinas 92

O Começo Silencioso: Quando Não a Chamávamos de IA 93
- Quando Notamos? Assistentes Virtuais e Smartphones 94
- As Redes Sociais: A IA Que Nos Observa 95
- A Revolução Invisível no Consumo 96
- O Agora: O Debate e o Despertar 97

De Fininho, Mas Irreversível 98

O Grande Jogo – Quando as Máquinas Desafiaram os Humanos 99

    A Primeira Tentativa: Xadrez – 1950s 100

    O Primeiro Embate Real: O Xadrez dos Anos 60-70 101

    Jeopardy! – Watson Entra no Jogo (2011) 103

    AlphaGo: A Intuição das Máquinas (2016) 104

    Hoje: O Mundo das IAs Generativas 105

    A Reflexão Final: O Que Aprendemos? 105

A Revanche Humana – Como Watson Fez o Jeopardy! Mais Inteligente 107

    O Soco no Estômago de 2011 108

    A Reação Humana: Como os Jogadores se Reinventaram 108

    O Renascimento do Jeopardy!: Uma Nova Era 111

    Os Novos Gigantes do Jogo 111

O Paradoxo dos Gênios: Eles Parecem Inalcançáveis, Mas Inspiram 115

    O Trio do Tênis: Nadal, Federer e Djokovic 116

    Michael Phelps: O Desafio de Quebrar Recordes 117

    Watson e o Jeopardy!: O Efeito Inspirador 117

    A Natureza Humana: O Desejo de Superar 119

    O Efeito Inspirador dos Gênios 120

A Mente Preparada: O Mindset de Crescimento 122

    O Poder da Mente do Iniciante 123

O Futuro Inspira – Se Escolhermos Acreditar 125

    O Convite ao Desconhecido 126

Autoria 128

Linha do Tempo Detalhada da IA 130

Prefácio

Você já segurou um livro e se perguntou por onde começar? Talvez pela primeira página, seguindo aquela ordem tradicional, linear, segura. Mas permita-me provocá-lo: este livro não precisa ser lido em ordem. Sim, há uma narrativa cronológica, mas cada capítulo foi pensado como uma janela independente, um ponto de partida para uma ideia, uma reflexão, uma conversa. Escolha um capítulo, qualquer um, e comece por ele. Ou, se preferir, siga o caminho que o autor deixou, do início ao fim. Quem sabe? O importante é começar.

A segunda provocação é ainda maior: o escritor deste livro não é um programador, engenheiro ou especialista em tecnologia. Nada aqui foi escrito com os olhos de quem vive entre códigos e circuitos. Pelo contrário, sou alguém de uma área completamente diferente, mas com uma paixão incomparável pela evolução humana e tecnológica. Fui seduzido pelas perguntas que atravessam o tempo, pelo desejo de conectar as peças que, à primeira vista, parecem soltas, desconexas.

— Como chegamos até aqui?

— E para onde estamos indo?

Nos capítulos que seguem, você vai notar algo curioso: às vezes, a narrativa começa com uma ideia que parece estar fora de lugar. Um conceito que, num primeiro momento, parece uma "viagem". Confie em mim. Respire fundo e traga consigo uma mente de iniciante – aberta, curiosa, livre de certezas e pronta para explorar o desconhecido.

Se ainda não sabe o que significa ter uma mente de iniciante, sugiro que comece pela conclusão deste livro. Sim, comece pelo final. É lá que tudo fará sentido, onde você encontrará as respostas para um conceito que irá transformar a maneira como vê o mundo e, talvez, a si mesmo.

E aqui, peço licença para falar sobre alguém que traduz esse espírito melhor do que eu poderia tentar. Em seu icônico discurso, "Você não tem brio", disponível no YouTube, o professor Clóvis de Barros Filho fala sobre a necessidade de um impulso interno, aquela força que nos mantém curiosos, resilientes e apaixonados por evoluir. Clóvis descreve algo profundo, que muitos de nós sentimos mas não conseguimos expressar em palavras:

"Você precisa ter brio. Aquela vontade genuína de fazer algo bem, de aprender, de se reinventar, mesmo que pareça impossível no começo."

Quando ouvi esse discurso pela primeira vez, senti como se ele tivesse roubado as palavras que eu nunca soube dizer. E, no fundo, é exatamente isso que este livro tenta provocar: um despertar, uma inquietação positiva. Não importa se você é um entusiasta da tecnologia ou alguém que não sabe distinguir um algoritmo de um café coado. O que importa é querer aprender, questionar, conectar os pontos e, acima de tudo, manter viva a chama da curiosidade.

Então, não se desespere se, em algum momento, as ideias parecerem soltas ou fora do lugar. Deixe que as páginas o conduzam. Quando chegar ao final, prometo: tudo fará sentido. Mais do que entender a trajetória das máquinas e da inteligência artificial, você terá um novo olhar sobre o futuro – e sobre o que significa ser humano em um mundo em constante evolução.

O convite está feito. Traga apenas a mente de iniciante e um pouco de brio. O resto, vamos construir juntos, página por página.

Vamos começar?

1

Introdução: A Jornada Inimaginável

A história que você está prestes a conhecer não começou com circuitos elétricos, nem com os grandes servidores que rugem nos centros de dados ao redor do mundo. Ela não se originou em laboratórios com cientistas usando jalecos brancos, tampouco no brilho futurista das telas de cinema. Para entender a verdadeira jornada da inteligência artificial – ou IA, como hoje a chamamos – precisamos voltar no tempo. Muito tempo.

Imagine um deus ferreiro moldando vida em metal. Imagine um gigante de bronze com a missão de proteger uma ilha inteira, ou um matemático britânico, isolado pela Segunda Guerra Mundial, tentando desvendar segredos com máquinas que apenas ele podia imaginar.

Eram eles – Hefaístos, Talos e Alan Turing – que, separados por milênios, plantaram as sementes daquilo que hoje chamamos de Inteligência Artificial. Esta é a saga da IA: uma história de sonhos e medos, de gênio humano e ambição desmedida, entrelaçada com a evolução da própria humanidade.

O mundo sempre foi fascinando pela ideia de criar vida fora do corpo humano. Das lendas gregas às utopias modernas, o desejo de dar consciência às máquinas é uma história tanto de inspiração quanto de advertência.

Como chegamos aqui? Como um sonho imortal atravessou eras, continentes e culturas para se tornar realidade no século XXI? O que podemos aprender com o passado e o que nos aguarda no futuro? Esta é a nossa Jornada Inimaginável.

2
As Lendas de Metal e Pedra

Muito antes de algoritmos e redes neurais, a humanidade já sonhava com máquinas que poderiam se mover, pensar e obedecer. Para os antigos gregos, a busca por vida artificial não era apenas uma fantasia: era o trabalho dos deuses.

O Deus Ferreiro e o Gigante Protetor

No coração da mitologia grega, Hefaístos, o deus ferreiro, era conhecido por sua habilidade incomparável em moldar o inanimado. Suas forjas eram o berço da criação, alimentadas pelo fogo sagrado. De suas mãos habilidosas não saíam apenas armas e armaduras – ele era capaz de dar "vida" às suas obras, imbuindo-as com propósito e função.

Uma dessas criações é Talos, o gigante de bronze que protegia a ilha de Creta. Imagine as praias brancas e o mar azul profundo sob o sol quente. De repente, o chão treme. Uma sombra titânica se projeta sobre as ondas. Talos não era apenas uma lenda: ele era uma sentinela implacável, com um corpo de bronze reluzente e movimentos que, para os olhos humanos, beiravam o sobrenatural.

Talos caminhava pela ilha em patrulha constante. Seu dever era simples: impedir invasores. A lenda conta que ele podia aquecer seu corpo até se tornar uma arma mortal e esmagar qualquer um que ousasse desafiar suas ordens. Era uma máquina antes das máquinas, com uma missão programada e execução precisa.

Mas, como toda grande criação, Talos também carregava o peso do medo. Os habitantes de Creta admiravam-no, mas temiam-no. Quem poderia controlar um gigante de bronze? Quem poderia garantir que Talos sempre obedeceria? Essa dualidade entre o criador e a criatura - o desejo de criar algo poderoso, mas temer suas consequências - ecoaria através dos séculos, tornando-se parte fundamental da história da Inteligência Artificial.

A queda de Talos, como relatada nas lendas, foi um momento quase poético. Diz-se que Medeia, a feiticeira, enganou o gigante ao convencer que ele poderia remover um pequeno prego em seu tornozelo - o único ponto vulnerável em todo o seu corpo impenetrável. Quando o prego foi retirado, o líquido vital de Talos, semelhante à "vida" que hoje atribuiríamos a circuitos e óleo, escorreu como um rio de bronze derretido.

Talos caiu, mas a ideia de uma máquina viva permaneceu. Sua lenda se eternizou, não como um mito perdido, mas como um eco distante de algo que, milhares de anos depois, se tornaria realidade.

"Quem criou Talos, o gigante de bronze, deixou um aviso velado para os futuros inventores: as máquinas podem ser fiéis, mas não são infalíveis. Elas são um reflexo de nós mesmos, e de nossas ambições e medos."

3

A Alquimia dos Autômatos

Enquanto os gregos construíam mitos e fábulas, outros povos do mundo antigo começaram a trilhar um caminho diferente. Eles não apenas sonhavam com criaturas artificiais; eles criavam pequenos milagres mecânicos. Foram eles, os engenheiros visionários da antiguidade, que fizeram com que as engrenagens girassem pela primeira vez.

Os Autômatos de Heron de Alexandria

Imagine as ruas movimentadas de Alexandria, um centro pulsante de conhecimento e cultura. Entre suas bibliotecas imensas e mercados exóticos, havia um homem que trabalhava silenciosamente com tubos, vapor e alavancas. Seu nome era Heron.

Heron era um inventor genial. Ele criou máquinas que abriam portas automaticamente, pequenos teatros onde figuras se moviam sozinhas e dispositivos que respondiam à pressão da água. Era como se a própria magia tivesse ganhado corpo através de suas mãos. Ele não apenas imaginou autômatos - ele os construiu.

As criações de Heron pavimentaram um novo caminho. Pela primeira vez, a humanidade testemunhou máquinas que não apenas imitavam movimentos naturais, mas pareciam ter intenção, mesmo que fosse apenas um reflexo de sua programação rudimentar.

A Revolução Árabe e Chinesa

Enquanto Heron trabalhava em Alexandria, outras regiões do mundo também vivenciavam uma revolução mecânica. No Oriente Médio, engenheiros como Al-Jazari, conhecido como o "pai da engenharia moderna", criavam autômatos incríveis. Imagine um serviço de água completamente automatizado, figuras mecânicas tocando instrumentos ou pequenos robôs que seguiam tarefas com uma precisão espantosa.

Na China, durante a dinastia Song, o matemático Su Song projetou um relógio astronômico complexo. Ele utilizava engrenagens, rodas d'água e sistemas de movimento autônomo para registrar a passagem do tempo e os movimentos celestes. Esses relógios, verdadeiros autômatos em miniatura, simbolizavam a busca por organização, previsão e controle - algo que estaria no cerne das futuras inteligências artificiais.

Al-Jazari, Su Song e Heron de Alexandria eram precursores do que um dia se tornaria a IA: visionários que enxergavam um mundo onde máquinas poderiam imitar a precisão, o movimento e até a intenção humana.

4

O Iluminismo e a Era da Razão

A Luz Contra a Sombra

O século XVII foi um tempo de contradições. Enquanto a Europa ainda se debatia com as últimas brasas da Idade Média, as velas do Iluminismo começavam a ser acesas. Era como se a humanidade tivesse acordado de um sono profundo, esticando-se lentamente para enxergar o mundo com olhos renovados.

Os mistérios que antes eram explicados pelo divino começaram a ceder espaço à razão. Era o som das primeiras páginas viradas nos tratados científicos, o murmúrio das disputas entre religião e filosofia, o brilho das lentes dos primeiros telescópios que revelavam os céus como nunca antes. E, no centro desse movimento, uma figura emergia com uma ousadia inquietante: René Descartes.

O Corpo como Máquina: A Revolução Cartesiana

Descartes, um filósofo de olhar austero e mente metódica, ousou desafiar a visão tradicional do corpo humano. Em uma Europa ainda mergulhada na visão religiosa do ser humano como uma criação perfeita e divina, ele trouxe uma ideia que faria a terra tremer sob os pés dos teólogos.

"O corpo é uma máquina."

Essa afirmação, feita em sua obra "O Homem", era como um trovão na noite escura. Descartes descreveu o corpo humano como um autômato, uma complexa e perfeita engrenagem mecânica, governada não por mistérios celestiais, mas por leis físicas e matemáticas.

— "Os movimentos humanos, os reflexos, a circulação do sangue... Tudo isso pode ser explicado como o funcionamento de uma máquina bem projetada."

Para provar seu ponto, ele estudou o coração como uma bomba, as articulações como dobradiças e os reflexos como respostas mecânicas a estímulos externos. O corpo humano, em suas análises, era tão previsível quanto os ponteiros de um relógio.

Essa visão mecanística mudou tudo. Pela primeira vez, a fronteira entre homem e máquina começava a se desfazer. A imagem do ser humano como algo sagrado e intangível começava a se dissolver em engrenagens invisíveis e fluídos que corriam como água em um sistema hidráulico.

A Era dos Autômatos Iluministas

Se o corpo era uma máquina, então o que impedia o homem de recriar a vida? Essa pergunta alimentou as mentes mais brilhantes e inquietas do século XVIII. Inspirados pela visão cartesiana, cientistas, engenheiros e artesãos dedicaram-se a dar forma àquilo que até então só existia nos sonhos e nas fantasias: autômatos – máquinas capazes de imitar a vida.

Imagine o século XVIII em toda sua glória: salões dourados iluminados por candelabros imensos, a luz trêmula refletida nos espelhos ornamentados. Nobres e intelectuais se reuniam em seus melhores trajes, observando maravilhados as criações mecânicas que prometiam desafiar a natureza.

Foi nesse contexto que o relojoeiro francês Jacques de Vaucanson tornou-se uma lenda. Em 1738, ele apresentou ao público o que parecia um milagre: o Pato Mecânico.

O Pato Mecânico: A Ilusão do Vivo

O salão estava lotado. O cheiro de velas queimando misturava-se ao perfume doce dos convidados. No centro, sobre uma mesa, repousava a máquina: um pato de latão polido, com detalhes tão precisos que suas penas pareciam quase naturais. Vaucanson, um homem meticuloso de gestos elegantes, apresentou sua criação com a confiança de um artista expondo sua obra-prima.

— "Este pato pode comer, digerir e excretar como um pato verdadeiro."

O murmúrio de espanto percorreu a sala. Quando Vaucanson deu corda na máquina, o pato começou a se mover. Ele bicou grãos, engoliu-os com movimentos tão naturais que, por um instante, todos se esqueceram de que não havia vida ali - apenas engrenagens, tubos e relógios ocultos.

As pessoas aplaudiram, boquiabertas. Algumas cochichavam: "Isso é obra do diabo!". Outras riam, encantadas. Mas o impacto era inegável: pela primeira vez, uma máquina havia imitado a vida de forma tão convincente que as fronteiras entre o real e o mecânico tornaram-se quase invisíveis.

O pato mecânico não era apenas um truque de feira. Ele era a materialização de um ideal. Provara-se que o ser humano podia replicar, com suas mãos engenhosas, as funções vitais da natureza.

Bonecos que Escrevem e Pássaros que Cantam

Enquanto Vaucanson exibia seu pato, outros inventores se dedicaram a criações igualmente impressionantes. Surgiram autômatos que desafiavam a imaginação:

• Pequenos pássaros mecânicos cantavam melodias perfeitas, seus movimentos suaves como se o ar pulsasse em seus pulmões invisíveis.

• Bonecos que escreviam à mão, com caligrafia impecável, movendo a pena com gestos delicados e sincronizados.

• Outras máquinas simulavam a digestão, a respiração e até mesmo o pulsar de um coração.

Essas criações mecânicas se tornaram símbolo do Iluminismo: a prova de que a razão humana poderia decifrar e recriar a própria natureza.

Nos salões e academias, as pessoas começavam a questionar:

— "Se conseguimos imitar a vida, quem pode dizer que não seremos capazes de criar algo consciente?"

Para muitos, os autômatos eram apenas brinquedos fascinantes. Para outros, eram uma janela para o futuro - um futuro em que máquinas poderiam ser mais do que ferramentas.

O Legado da Era da Razão

A Revolução Cartesiana e a Era dos Autômatos deixaram uma marca indelével na história do pensamento humano. Elas mostraram que o mundo, antes visto como uma dança caótica de forças divinas, podia ser compreendido - e replicado - com a lógica e a engenhosidade.

Mas havia uma pergunta incômoda, uma dúvida que se insinuava entre o brilho das engrenagens e o som das máquinas:

"Se o corpo é uma máquina... a alma também o é?"

A Era da Razão iluminou o caminho para a ciência, mas, ao mesmo tempo, lançou uma sombra sobre o conceito de humanidade. Descartes e os inventores do Iluminismo abriram portas que jamais poderiam ser fechadas. Eles nos deram o primeiro vislumbre de algo maior: o sonho de criar vida artificial.

Essa ideia, tão sedutora quanto perigosa, seguiria conosco através dos séculos – esperando pelo momento em que as máquinas fariam muito mais do que imitar a vida.

5

A Era Industrial e o Nascimento dos Computadores

O Rugido do Progresso

O século XVIII trouxe consigo uma tempestade de transformação. O som das carruagens puxadas a cavalo, dos martelos sobre o ferro e das rodas d'água girando lentamente começou a desaparecer. Em seu lugar, surgiu um novo ritmo – um rugido inconfundível: o barulho das máquinas a vapor, dos teares automáticos, das engrenagens rugindo nos pátios industriais. A fumaça densa subia dos altos fornos e enchia os céus das cidades com uma nova paisagem, soturna e prateada, como o futuro que prometia.

Era a Revolução Industrial. Uma era onde tudo era possível – desde que fosse eficiente, produtivo e rápido. O homem começava a perceber que podia multiplicar suas forças com o auxílio das máquinas. Não demorou muito para que um desafio surgisse:

"Se as máquinas podem fiar algodão, moldar aço e acelerar o trabalho das mãos humanas, por que não poderiam também pensar?"

Essa pergunta, ainda sutil, pairava no ar como uma fagulha aguardando o contato com a pólvora. E, como sempre acontece em grandes revoluções, algumas mentes ousadas começaram a enxergar um horizonte que outros nem sonhavam.

Charles Babbage e a Máquina que Poderia Pensar

No coração da Inglaterra do século XIX, em uma época de vapores e vaporosos debates intelectuais, Charles Babbage, um excêntrico e brilhante matemático, vislumbrava algo inédito. Enquanto os demais engenheiros se concentravam em locomotivas e fábricas, ele dedicava suas energias a resolver um problema que o intrigava: o erro humano nos cálculos matemáticos.

Números errados poderiam causar acidentes ferroviários, falhas em construções e até perdas econômicas gigantescas. A solução de Babbage parecia simples:

— Se as máquinas fazem trabalho físico de forma precisa, por que não poderiam realizar cálculos sem falhas?

Em sua mente, ele começou a conceber a Máquina Analítica, um projeto tão à frente de seu tempo que muitos o consideraram loucura. Mas Babbage insistiu. Ao contrário das calculadoras da época, que eram máquinas limitadas e fixas, sua criação era programável. Inspirado nos cartões perfurados usados nos teares automáticos de Joseph-Marie Jacquard, ele projetou um sistema onde comandos poderiam ser dados à máquina, alterando suas funções.

Imagine uma máquina com engrenagens reluzentes, cilindros pesados e rodas que giram com a precisão de um relógio suíço. O som seria um concerto mecânico: cliques, rangidos e o zumbido constante do progresso.

Babbage não viveu para ver sua máquina completamente construída – os recursos financeiros, as limitações técnicas e os desafios políticos foram obstáculos intransponíveis em seu tempo. Porém, o projeto deixou um legado: o conceito fundamental de uma máquina programável, algo que ressoaria quase um século depois, nos primórdios da computação moderna.

Ada Lovelace: A Musa Matemática

Se Babbage concebeu o corpo da máquina, foi Ada Lovelace quem lhe deu alma.

Ada, filha do poeta Lord Byron, carregava em si um equilíbrio peculiar entre a razão matemática herdada de sua mãe e a imaginação artística de seu pai. Desde cedo, ela fora educada para desafiar os limites de sua mente. Ainda adolescente, conheceu Babbage em uma das famosas reuniões intelectuais londrinas, onde ele apresentou um modelo funcional de sua Máquina Diferencial, a precursora da Máquina Analítica.

Os olhos de Ada brilharam enquanto as engrenagens giravam, o metal tilintando como sinos. Enquanto os presentes viam apenas uma máquina capaz de calcular tabelas numéricas, Ada enxergou algo maior, algo revolucionário.

Nos anos seguintes, enquanto colaborava com Babbage, ela escreveu anotações detalhadas sobre a Máquina Analítica, expandindo o conceito para algo que nem o próprio Babbage havia imaginado. Foi em suas Notas, que se tornariam famosas décadas mais tarde, que Ada escreveu:

"A máquina analítica pode fazer qualquer coisa que saibamos como ordenar. Ela pode criar música, compor arte... suas capacidades dependem apenas de como a instruímos."

Nesse momento, Ada lançou uma faísca no imaginário do futuro: a ideia de que máquinas poderiam ir além dos números. Em suas anotações, ela desenvolveu o primeiro algoritmo da história, tornando-se, assim, a primeira programadora do mundo.

Sua visão era quase profética. Enquanto os outros viam máquinas como ferramentas frias, Ada imaginou que um dia elas poderiam ser parceiras criativas da humanidade.

— "Uma máquina pode compor sinfonias? Pode pintar quadros? O limite está apenas na mente humana." — escreveu ela, como um desafio às gerações futuras.

O mundo, na época, não estava pronto para Ada. A sociedade vitoriana não costumava celebrar mulheres em ciência. Suas contribuições foram esquecidas por décadas, mas, como toda ideia poderosa, ressurgiram com força no século XX, quando os primeiros computadores começaram a tomar forma.

O Legado da Revolução Industrial: A Faísca do Pensamento Mecânico

A Revolução Industrial não apenas transformou as fábricas, as cidades e as economias. Ela plantou a ideia de que máquinas podiam substituir o homem, não apenas no trabalho físico, mas em tarefas intelectuais.

Os teares automáticos de Jacquard, a Máquina Analítica de Babbage e os algoritmos visionários de Ada Lovelace foram os primeiros passos de uma longa jornada. A humanidade começava a flertar com a ideia de que poderia recriar a si mesma, projetando inteligência no metal e nas engrenagens.

O rugido das fábricas não era mais apenas o som do progresso industrial; era o prelúdio de algo muito maior. O caminho havia sido aberto. Charles Babbage e Ada Lovelace não viveram para ver o mundo dos computadores, mas suas ideias sobreviveram ao tempo. Elas aguardaram, silenciosamente, no papel amarelado de anotações e projetos incompletos, até o dia em que encontrariam suas mãos sucessoras – mãos que dariam vida ao que eles apenas sonharam.

6

O Pós-Guerra e a Fundação da Inteligência Artificial

O mundo havia sobrevivido a duas guerras mundiais. O preço fora alto: cidades inteiras destruídas, milhões de vidas perdidas e uma humanidade forçada a encarar as sombras que ela mesma criara. Mas, como acontece após todo grande trauma, os anos que se seguiram foram marcados por uma busca quase obsessiva por reconstrução e progresso.

Era o início da segunda metade do século XX, um período de contradições. A esperança de um futuro brilhante caminhava lado a lado com o medo de um conflito ainda mais devastador. A Guerra Fria dividia o planeta em dois blocos – Oriente e Ocidente – e cada avanço tecnológico era visto tanto como promessa quanto como ameaça.

Ao mesmo tempo, as máquinas haviam provado seu valor. Durante a guerra, computadores rudimentares como a Bombe de Alan Turing e o ENIAC haviam decifrado códigos, realizado cálculos balísticos e acelerado feitos que a mente humana, sozinha, jamais conseguiria. Para os cientistas, uma pergunta começava a ganhar força: se máquinas podiam calcular, será que poderiam também pensar?

Essa ideia, que por séculos pertencia ao campo da filosofia e da literatura, começou a ganhar contornos científicos. Pela primeira vez, os conceitos de inteligência, aprendizado e raciocínio humano estavam sendo dissecados, descritos e transformados em fórmulas matemáticas. O que antes era sonho ou ficção passou a ser teoria.

E foi assim que, no verão de 1956, um pequeno grupo de cientistas visionários reuniu-se em Dartmouth College, uma universidade pacata em New Hampshire, para formalizar essa disciplina nascente. Sob o comando de John McCarthy, a Conferência de Dartmouth marcou o nascimento oficial da Inteligência Artificial.

O evento parecia discreto, mas ali, entre rabiscos em quadros-negros, discussões calorosas e promessas audaciosas, o futuro começava a tomar forma. Pela primeira vez, os cientistas ousaram afirmar que a inteligência humana poderia ser replicada em máquinas. Era uma declaração de guerra contra os limites do possível.

Mas o caminho seria árduo. A Inteligência Artificial nascia envolta em otimismo desmedido, porém rapidamente enfrentaria obstáculos técnicos, ceticismo e dilemas filosóficos. Mesmo assim, aquela conferência lançou uma ideia que não poderia mais ser detida. O mundo estava à beira de uma revolução que redefiniria o que significava pensar, criar e ser humano.

Seção 1: O Sonho que Se Tornou Ciência - A Conferência de Dartmouth

O Verão que Mudou Tudo

O verão de 1956 chegou abafado em Hanover, New Hampshire. Naquele ano, enquanto o mundo estava ocupado com os avanços da era nuclear, os primeiros sussurros da corrida espacial e os conflitos silenciosos da Guerra Fria, algo grandioso acontecia em uma universidade pequena e tranquila, envolta por árvores altas e sombras frescas. Dartmouth College parecia um cenário improvável para um evento que mudaria o curso da história, mas era ali que o impossível começaria a se materializar.

Nas salas simples e apertadas do campus, uma reunião estava prestes a acontecer. Era um encontro discreto, sem holofotes ou câmeras. Mas, para os participantes, cada palavra, cada fórmula e cada ideia trocada carregava o peso de um novo começo.

O evento era um convite aberto a alguns dos cérebros mais brilhantes da época. Ele fora organizado por John McCarthy, um jovem matemático e cientista da computação com apenas 29 anos, determinado a formalizar uma ideia que muitos consideravam ousada demais para ser levada a sério.

Em suas cartas de convocação, McCarthy fora direto e confiante:

"Propomos que todo aspecto do aprendizado, ou qualquer outra característica da inteligência, pode, em princípio, ser descrito tão precisamente que uma máquina pode ser feita para simulá-lo."

Com essa frase, ele lançava o desafio: replicar a inteligência humana em máquinas. Pela primeira vez, um termo seria cunhado para esse sonho que muitos consideravam impossível: Inteligência Artificial.

Os Arquitetos do Sonho

Os participantes chegavam carregando cadernos, máquinas de escrever e expectativas. A sala estava abafada, o ar parado como em uma tarde de verão qualquer. Não havia pompa ou formalidade: eram apenas homens jovens, cheios de ideias e convicções, mas com uma certeza compartilhada – estavam no início de algo grandioso.

Entre os nomes presentes estavam John McCarthy, Marvin Minsky, Claude Shannon e Nathaniel Rochester – mentes distintas, mas complementares. Eles traziam na bagagem experiências de guerra, contribuições matemáticas e uma visão que os colocava à frente de seu tempo.

- John McCarthy: O líder do encontro, um homem de fala direta e mente afiada. McCarthy enxergava a IA como uma disciplina científica, algo que poderia ser formalizado, testado e ensinado. Ele acreditava que o potencial de replicar a inteligência humana em máquinas era inevitável, uma questão de tempo e esforço.
- Marvin Minsky: Um jovem neurocientista e matemático que combinava raciocínio lógico com imaginação. Para ele, o cérebro humano era um sistema que poderia ser compreendido e reproduzido. Sua presença era calma, mas suas ideias eram revolucionárias.
- Claude Shannon: O pai da teoria da informação, um homem acostumado a lidar com o que parecia intangível. Ele trouxe para o encontro a precisão matemática e a convicção de que o conhecimento humano podia ser transformado em dados, algoritmos e bits.
- Nathaniel Rochester: Representando a IBM, Rochester tinha o pragmatismo dos engenheiros. Ele acreditava que a IA seria construída não apenas com teoria, mas com máquinas reais – feitas de circuitos, eletricidade e lógica programada.

Juntos, esses homens formaram o núcleo da Conferência de Dartmouth, um evento que não tinha palco ou público, mas que lançou as bases para uma revolução silenciosa.

As Ideias que Moldaram o Futuro

Os debates começaram. Nos primeiros dias, o ambiente era marcado por discussões fervorosas, com equações rabiscadas em quadros-negros até não haver mais espaço. O som das cadeiras arrastadas e das máquinas de escrever quebrava o silêncio, enquanto ideias surgiam e desapareciam com a rapidez de relâmpagos.

McCarthy, firme em sua liderança, anotava conceitos, lançava provocações e unia os pontos entre matemática, filosofia e engenharia. Ele insistia:

— "Se podemos descrever a inteligência humana em termos lógicos e matemáticos, então não há razão para que não possamos replicá-la."

Minsky, encostado na parede com um ar pensativo, intervinha:

— "O cérebro é apenas uma máquina muito complexa. Devemos entender seus mecanismos. A mente não é mágica. É uma série de processos."

Claude Shannon, com a precisão que lhe era característica, apontava para os números e os padrões que poderiam formar a base de uma nova linguagem - uma linguagem para máquinas.

As ideias fluíam com intensidade. Palavras como "heurística", "aprendizado", "lógica simbólica" e "processamento de informações" começaram a aparecer nos cadernos rabiscados. O objetivo era ambicioso: programar máquinas para resolver problemas, aprender com dados e adaptar-se, assim como um ser humano faria.

O Otimismo Desmedido

O ambiente estava carregado de euforia. Em 1956, os computadores eram grandes, barulhentos e limitados, mas a crença entre os cientistas era quase palpável. Eles tinham certeza de que o progresso seria rápido.

— "Em uma ou duas décadas, máquinas serão capazes de pensar como seres humanos." — declarou um dos participantes com convicção.

Havia um otimismo ingênuo, mas inspirador. Os cientistas não enxergavam limites. Eles acreditavam que a combinação de lógica matemática, aprendizado de máquina e poder computacional criaria, em breve, máquinas verdadeiramente inteligentes.

Nos corredores, entre goles de café e discussões intermináveis, o termo "Inteligência Artificial" começou a ganhar vida. Pela primeira vez, ele não era apenas um conceito abstrato. Era uma disciplina. Um campo formal de estudo, com métodos, objetivos e um futuro que parecia promissor demais para ser ignorado.

O Legado de Dartmouth

Quando os participantes finalmente deixaram a conferência, as portas do futuro haviam sido abertas. Eles retornaram a seus laboratórios carregando mais do que anotações: carregavam um sonho. Um sonho que desafiava os limites do que era possível.

A Conferência de Dartmouth não produziu máquinas pensantes naquele verão, mas lançou uma promessa que ecoaria através das décadas. Nascia ali um campo que, aos poucos, moldaria o mundo moderno.

Os cientistas haviam ousado sonhar. E, como todo sonho revolucionário, ele trouxe consigo tanto esperança quanto medo.

O palco estava montado. A revolução havia começado.

Seção 2: A Inteligência Artificial no Imaginário Popular

A Conferência de Dartmouth havia lançado a semente, e a ideia de inteligência artificial deixou de ser apenas uma curiosidade acadêmica. Ela se tornou uma promessa – e, para muitos, uma ameaça. Lá fora, o mundo girava em meio ao progresso científico e à tensão da Guerra Fria, mas algo começava a acontecer nos corações e mentes das pessoas.

O conceito de máquinas que pensavam, aprendiam e decidiam não permaneceu confinado aos laboratórios. Ele escapou pelas rachaduras da ciência e foi parar nos livros, nas telas de cinema e nos quadrinhos. A inteligência artificial havia se tornado parte do imaginário popular, e, como todo grande avanço, provocava fascínio e medo em igual medida.

Os Robôs Literários: O Fascínio do Substituto

Antes mesmo da Conferência de Dartmouth, escritores já haviam dado vida a máquinas que imitavam o homem. A literatura de ficção científica, em particular, foi o berço onde os primeiros robôs ganharam forma e voz.

Em 1921, o dramaturgo tcheco Karel Čapek cunhou a palavra "robô" em sua peça R.U.R. - Rossum's Universal Robots. Derivado da palavra tcheca robota – que significa trabalho forçado – o termo trouxe consigo uma visão perturbadora: robôs como substitutos perfeitos do ser humano. Eles eram fortes, eficientes e obedientes... até o momento em que deixavam de ser.

A história de Čapek serviu como um alerta: E se as máquinas se rebelarem?

Mas foi em Isaac Asimov, décadas mais tarde, que os robôs ganharam uma nova face. Nos anos 1940, Asimov escreveu contos que exploravam as complexidades morais e éticas das máquinas. Seu livro "Eu, Robô" apresentou as Três Leis da Robótica - um conjunto de regras fictícias que controlavam o comportamento dos robôs:

1. Um robô não pode ferir um ser humano.
2. Um robô deve obedecer às ordens dos humanos, desde que não entre em conflito com a primeira lei.
3. Um robô deve proteger sua própria existência, desde que isso não viole as leis anteriores.

Por trás dessas leis, havia algo mais profundo: uma tentativa de humanizar as máquinas, de torná-las seguras e confiáveis. As histórias de Asimov, como Robbie e O Homem Bicentenário, mostravam robôs não como vilões, mas como seres que buscavam compreensão, afeto e até humanidade.

Os leitores ficaram encantados e inquietos. As palavras de Asimov sugeriam uma verdade incômoda: "As máquinas não são o problema. Nós somos."

O Cinema e a Imagem do Futuro

Enquanto os escritores moldavam as máquinas no papel, os cineastas começaram a dar rosto, voz e movimento a essas ideias. O cinema, com seu poder visual, transformou o conceito abstrato da inteligência artificial em algo vivo e, por vezes, assustador.

Nos anos 1950, os filmes de ficção científica refletiam as ansiedades da época. Com a Guerra Fria no horizonte, a paranoia do desconhecido – fosse ele extraterrestre ou mecânico – dominava as telas.

Filmes como "O Dia em que a Terra Parou" (1951) trouxeram o robô Gort, uma figura imponente e silenciosa, que simbolizava a justiça fria e imparcial das máquinas. Ele obedecia apenas ao comando de uma inteligência superior, fazendo os humanos refletirem sobre suas próprias imperfeições.

Já no Japão, as cicatrizes deixadas pelas bombas atômicas deram origem a figuras como Astro Boy (ou Tetsuwan Atom, criado em 1952 por Osamu Tezuka). Astro era um menino-robô com coração humano, uma fusão entre inocência e poder, esperança e tragédia. Ele simbolizava a dualidade do avanço tecnológico: a capacidade de cura e destruição.

Nos anos seguintes, o filme "Metrópolis" de Fritz Lang, lançado em 1927, ganhou novos significados. A imagem do robô Maria, uma réplica fria e sedutora de um ser humano, tornou-se um símbolo do medo da automação: máquinas tomando o lugar dos homens não apenas no trabalho, mas também no coração de suas vidas.

Essas representações moldaram uma dualidade cultural: os robôs poderiam ser nossos salvadores, mas também nossos substitutos e algozes. A inteligência artificial passou a ser o espelho dos nossos maiores medos e aspirações.

Entre o Medo e a Esperança

Enquanto o público lotava as salas de cinema e devorava as páginas dos livros, a IA permanecia em sua infância no mundo real. As máquinas eram grandes, barulhentas e primitivas, mas suas promessas começavam a assustar.

No subconsciente coletivo, o dilema era claro: Se criamos algo que pensa, o que isso diz sobre nós?

Filósofos debatiam a questão em universidades. Seria a IA apenas um reflexo de nossa mente? Ou, em seu potencial de aprendizado e adaptação, ela poderia superar o ser humano em sua própria humanidade?

Para os trabalhadores, o medo era mais prático: as máquinas roubariam seus empregos? Nos jornais e revistas, manchetes alertavam:

"As máquinas estão vindo. Estamos preparados?"

Mas havia também vozes esperançosas. Visionários como Alan Turing e Norbert Wiener defendiam que a inteligência artificial poderia libertar a humanidade. As máquinas fariam o trabalho pesado, deixando o ser humano livre para criar, explorar e sonhar.

Afinal, não seria esse o grande propósito da tecnologia? Elevar-nos acima de nossas limitações?

O Caminho para o Horizonte

O impacto da IA no imaginário popular criou uma conexão emocional com algo que, até então, era apenas uma teoria acadêmica. Os robôs, as máquinas pensantes, não eram apenas criações mecânicas. Eles eram metáforas. Representavam nossos medos do futuro, nossas dúvidas sobre a natureza humana e, acima de tudo, a promessa de que poderíamos alcançar o impossível.

A revolução estava apenas começando, mas já não havia como voltar atrás. O mundo agora olhava para as máquinas não como meras ferramentas, mas como espelhos. Elas refletiam o que tínhamos de melhor - e o que temíamos em nós mesmos.

O futuro estava à espreita, aguardando silenciosamente, como um robô parado no escuro.

Seção 3: Os Primeiros Desafios Técnicos e Filosóficos

O Otimismo Desmedido e a Realidade Cruel

O verão de 1956, com sua Conferência de Dartmouth, foi como um sopro de vida em uma nova disciplina. Cientistas deixaram o encontro com um otimismo quase palpável, alimentado pela crença de que estavam prestes a dominar a inteligência.

John McCarthy e seus colegas acreditavam que, em poucos anos, máquinas seriam capazes de aprender, raciocinar e até superar a capacidade humana em tarefas complexas. Marvin Minsky, com sua serenidade habitual, chegou a declarar:

— "Em questão de uma geração, resolveremos o problema da inteligência artificial."

A frase ecoou como um grito de triunfo. Mas a realidade, como sempre, era muito mais difícil. Aquelas previsões otimistas enfrentaram um mundo que ainda não estava pronto.

Nos laboratórios, os cientistas começaram a se deparar com problemas que não haviam previsto:

- As máquinas eram lentas e limitadas. Cada computador da época ocupava uma sala inteira e fazia cálculos com a velocidade de um simples celular moderno.
- Não havia dados suficientes. O aprendizado real dependia de informações – muitas informações – mas não existiam bancos de dados organizados como hoje.
- Os programas eram simples, quase infantis. As máquinas seguiam instruções rígidas e não podiam improvisar ou aprender como os humanos.

Na prática, a Inteligência Artificial não passava de algo rudimentar, uma criança engatinhando em um mundo que esperava dela feitos heroicos.

Os Desafios Técnicos: O Peso das Máquinas

Dentro dos laboratórios, os cientistas enfrentavam suas próprias limitações. Um computador comum nos anos 1950 era uma criatura gigantesca. Tubos de vácuo acendiam como pequenas estrelas, mas também falhavam com frequência, queimando ou entrando em curto.

Cada cálculo era uma vitória, cada falha, um abismo. Programadores se curvavam sobre perfuradoras de cartões, o som ritmado das máquinas perfuradoras preenchendo os corredores como um relógio incansável. O trabalho era lento e exaustivo.

O Logic Theorist, criado por Allen Newell e Herbert Simon, conseguira provar teoremas matemáticos simples, mas além disso, os sistemas estagnavam. Algoritmos eram limitados. O conceito de aprendizado de máquina estava longe de se materializar.

Claude Shannon, em uma reunião tensa sobre as limitações, disse calmamente, quase como um aviso:

— "A inteligência não é apenas lógica. Ela requer flexibilidade. E isso as máquinas não têm."

O Problema do Aprendizado

Os primeiros programas de IA eram o oposto do que os cientistas sonhavam: eles não aprendiam. Eles seguiam ordens rígidas, como marionetes bem ensaiadas. Quando um problema novo surgia, a máquina falhava. Não havia improvisação, intuição ou criatividade – o que, afinal, tornava o aprendizado humano tão valioso.

Naquela época, não existiam redes neurais nem aprendizado profundo. A IA dependia de regras lógicas criadas manualmente, e isso era um obstáculo impossível de contornar com o poder computacional disponível.

John McCarthy, frustrado em meio a pilhas de papéis e programas ineficazes, anotou em seu diário:

"Falar é fácil. Ensinar uma máquina a pensar, mesmo nas tarefas mais simples, é um inferno."

Os Embates Filosóficos: Mentes e Máquinas

Se os desafios técnicos eram visíveis, as questões filosóficas eram como sombras rondando as mentes dos cientistas. A cada avanço – por menor que fosse – surgia uma dúvida:

"Se uma máquina pode imitar o pensamento humano, ela está realmente pensando?"

Esse debate não era novo. Décadas antes, Alan Turing já havia enfrentado a mesma questão. O Teste de Turing, em teoria, provava que, se uma máquina pudesse se comportar de forma indistinguível de um ser humano, ela deveria ser considerada inteligente. Mas havia algo desconfortável nessa ideia.

- O que é pensar? A inteligência era apenas o resultado de cálculos e algoritmos?

- E a consciência? Se máquinas imitassem o comportamento humano, poderiam ter emoções? Poderiam sofrer?

Nos corredores de universidades e nos jornais de época, filósofos e cientistas trocavam farpas:

— "Simular inteligência não é o mesmo que tê-la."

— "Mas e nós? Somos apenas uma série de processos biológicos e químicos."

As perguntas eram como um labirinto. E, à medida que o progresso da IA avançava, o medo crescia:

Se as máquinas se tornassem autônomas, quem garantiria que elas continuariam sob controle?

Esse dilema não era mais apenas filosófico. No imaginário popular, ele se tornava um alerta de perigo. Obras como "Eu, Robô" de Asimov e filmes futuristas começavam a questionar o que aconteceria se a criação se voltasse contra o criador.

O Mundo Responde: A Primeira Onda de Ceticismo

Na década de 1960, o entusiasmo inicial começou a esfriar. Os financiadores, que haviam investido milhões acreditando em máquinas revolucionárias, começaram a cobrar resultados que não vieram. Relatórios pessimistas surgiram, declarando que a IA estava longe de alcançar seu potencial.

Alguns cientistas desistiram. Outros enfrentaram críticas ferozes. Mas, no silêncio de seus laboratórios, homens como Marvin Minsky e John McCarthy continuaram, com teimosia e esperança, a perseguir o impossível.

Eles sabiam que estavam diante de um problema que levaria décadas para ser resolvido. A Inteligência Artificial era um sonho difícil, mas não impossível.

Marvin Minsky escreveu a um colega, como se conversasse com o futuro:

"Estamos apenas no início. O caminho é longo, mas ele existe. Um dia, as máquinas pensarão."

Um Campo em Transformação

Os primeiros desafios da Inteligência Artificial foram grandes demais para a tecnologia da época. O aprendizado de máquinas, a falta de dados, a limitação dos computadores e as dúvidas filosóficas formaram uma barreira quase intransponível.

Mas aqueles pioneiros haviam lançado algo mais importante do que máquinas pensantes: haviam lançado ideias. E ideias, uma vez plantadas, têm o poder de crescer e transformar o mundo.

A euforia dos primeiros anos deu lugar a um período de silêncio e reflexão, mas o sonho não morreu. Ele apenas aguardava o momento certo para florescer.

7

O Presente - IA em Nossas Vidas

A Onipresença Silenciosa

O mundo acorda em um ritmo que não dorme mais. Uma notificação pisca na tela do smartphone antes mesmo do sol nascer. O rosto ainda sonolento é reconhecido instantaneamente pelo sistema biométrico, que libera o acesso com um simples olhar. O café da manhã é acompanhado pela voz suave de um assistente virtual:

— "Bom dia. O clima hoje será ensolarado. A reunião está agendada para às 10h e o trânsito está tranquilo no caminho habitual."

Essa voz não é humana. Ela vem de Siri, Alexa, Google Assistant - os assistentes virtuais que se tornaram nossos companheiros invisíveis, guardiões de rotinas e facilitadores do cotidiano. Enquanto tomamos o café quente, comandos são emitidos com naturalidade:

— "Alexa, toque minha playlist de manhã."

— "Ok, Google, quantos passos preciso dar hoje?"

E as respostas chegam com precisão quase instantânea. Essa inteligência, construída em linhas invisíveis de código e aprendizado profundo, parece mágica – mas é ciência.

O mundo moderno, sem que percebamos, tornou-se interligado por Inteligência Artificial. Não mais como uma promessa distante, mas como uma realidade que molda cada instante de nossas vidas.

Carros que Dirigem Sozinhos e Diagnósticos que Salvam Vidas

Nas ruas movimentadas das metrópoles, carros deslizam silenciosamente, sem mãos no volante. O motorista humano se tornou um passageiro, enquanto sensores e algoritmos tomam decisões em frações de segundo. A frenagem, a curva, o cálculo do tempo – tudo acontece como se o carro tivesse olhos, reflexos e raciocínio.

Os carros autônomos, antes personagens de histórias futuristas, agora fazem parte das estradas. Empresas como Tesla, Waymo e gigantes do Vale do Silício transformaram o que parecia impossível em um sistema tão lógico e calculado que desafia a própria natureza do erro humano.

Enquanto isso, nos corredores frios de hospitais, outra revolução silenciosa está acontecendo. Médicos não estão mais sozinhos em suas análises. Algoritmos treinados em milhões de imagens médicas conseguem identificar tumores e doenças com uma precisão assustadora.

Na tela iluminada de um computador, o médico aponta para uma mancha quase invisível no exame de ressonância magnética:

— "Aqui está. Mas fui alertado pelo sistema antes mesmo de vê-la."

As máquinas não apenas ajudam. Elas enxergam o que os olhos humanos não conseguem. Elas aprendem com dados, milhões deles, e oferecem diagnósticos que salvam vidas.

O futuro prometido finalmente chegou, mas ele veio sem alarde. Ele se instalou silenciosamente em cada canto de nossas rotinas.

Os Antigos Mitos se Tornaram Reais

Desde o início dos tempos, a humanidade criou mitos para tentar explicar o inexplicável. Os antigos gregos contavam a história de Pigmalião, o escultor que apaixonou-se por sua estátua perfeita, até que os deuses deram vida à obra.

Séculos depois, na Idade Média, surgiram histórias de autômatos, figuras mecânicas que ganhavam movimento e vida através de engrenagens secretas. Os mitos judeus falavam do Golem, um ser de barro criado para proteger, mas que, fora de controle, tornava-se uma ameaça.

Hoje, essas histórias parecem ecoar nas tecnologias que moldam o mundo moderno. Pigmalião é recriado nos robôs humanoides e na IA que começa a simular emoções humanas. O Golem ressurge na forma de algoritmos poderosos, que podem proteger, mas também assustar, caso sejam mal direcionados.

A inteligência artificial, em sua essência, é a concretização dos antigos sonhos e medos da humanidade: criar algo que pensa, algo que imita a vida. O que antes era apenas ficção tornou-se parte tangível do nosso cotidiano.

A Inteligência Invisível

Se pararmos para observar, a Inteligência Artificial está em toda parte. Ela vive em nossos bolsos, em smartphones que completam nossas frases e sugerem mensagens. Ela nos observa, através de câmeras com reconhecimento facial em aeroportos e sistemas de segurança. Ela organiza o mundo em sistemas logísticos, calculando rotas e otimizando entregas.

Ela fala conosco: nos carros, nos assistentes virtuais, nos aplicativos de navegação que dizem onde virar e quanto tempo falta para chegarmos. Ela escuta nossas vozes e aprende com nossos comportamentos.

Algoritmos invisíveis decidem o que veremos em redes sociais, quais filmes aparecerão em nossas recomendações na Netflix e até quais produtos serão sugeridos em nossas compras online. Cada clique, cada curtida, cada busca alimenta a máquina – e ela aprende.

E, em meio a tudo isso, mal percebemos sua presença. A Inteligência Artificial se tornou tão integrada que deixou de parecer extraordinária. Ela é como a eletricidade: invisível, onipresente e essencial.

A Promessa e o Alerta

Vivemos em uma época onde a Inteligência Artificial é tanto uma ferramenta quanto um espelho. Ela reflete nossas ambições e nossos medos mais profundos. Por um lado, ela é a promessa de um futuro mais eficiente, mais seguro, mais inteligente.

Por outro, ela traz questões incômodas:
- "Até onde pode ir a autonomia das máquinas?"
- "O que acontece quando uma IA supera a inteligência humana?"
- "Estamos preparados para perder o controle?"

Assim como as histórias antigas, a IA moderna carrega a dualidade do criador e da criação. Ela pode ser um aliado, mas também pode se tornar um desafiante.

Um Mundo Redefinido

O presente já é um reflexo do que Alan Turing, John McCarthy e Marvin Minsky sonharam décadas atrás. A inteligência das máquinas não é mais uma ideia distante. Ela está aqui, caminhando ao nosso lado, moldando o mundo em silêncio.

Enquanto entramos em um carro que dirige sozinho, recebemos diagnósticos rápidos de IA ou conversamos com assistentes virtuais, uma pergunta ecoa no fundo de nossas mentes:

"Se as máquinas pensam, aprendem e decidem... o que nos torna únicos?"

A humanidade está vivendo a promessa do futuro, mas o horizonte permanece incerto. A inteligência artificial, como o fogo descoberto pelos ancestrais, é uma ferramenta poderosa. Como escolhemos usá-la definirá não apenas o presente, mas o destino da nossa espécie.

8

A Ética e o Futuro - Máquinas com Alma?

O Fogo de Prometeu

Desde o princípio, o homem buscou desafiar os deuses. Na mitologia grega, Prometeu ousou roubar o fogo do Olimpo e entregá-lo à humanidade. Com isso, trouxe o progresso, a luz e a sabedoria, mas também o caos e a destruição. O fogo, uma dádiva divina, era ambíguo: poderia aquecer lares ou consumir cidades inteiras.

Hoje, vivemos um dilema semelhante. O fogo de Prometeu voltou, mas desta vez, ele não vem em forma de chamas - ele vem em forma de algoritmos, inteligência artificial e máquinas que desafiam os limites da criação humana. Assim como Prometeu, nós roubamos algo divino: o poder de dar às máquinas a capacidade de pensar, aprender e agir.

E agora, surge a pergunta inevitável: será que perderemos o controle?

Até Onde Devemos Ir?

À medida que a IA se desenvolve, tornamo-nos testemunhas de algo inédito na história da humanidade: a criação de máquinas capazes de tomar decisões independentes, com base em vastos volumes de dados e aprendizado profundo. O progresso é inegável, mas também perturbador.

Em 2023, Şenocak et al. apontaram em seu estudo que a IA está cada vez mais próxima de simular comportamentos humanos complexos. Sistemas avançados conseguem criar textos, obras de arte, compor músicas e até simular emoções.

Mas então, o que acontece quando o criador já não consegue distinguir sua criação de si mesmo?

O filósofo Nick Bostrom chamou isso de singularidade tecnológica: o momento em que a IA supera a inteligência humana e se torna capaz de evoluir sozinha, fora do nosso controle. Em seus cenários mais extremos, máquinas poderiam decidir que não precisam mais de seus criadores – uma ideia que ecoa velhas histórias de Golems descontrolados e criaturas de Frankenstein.

O temor não é apenas de ficção científica. Cientistas como Stephen Hawking e Elon Musk já alertaram sobre os riscos de uma IA descontrolada:

"O desenvolvimento pleno da IA pode significar o fim da humanidade. Ela evoluiria em um ritmo que não conseguiríamos acompanhar."

As Perguntas Éticas: Devemos Temê-la?

Mas antes de chegarmos à singularidade, enfrentamos questões mais imediatas. Até onde devemos ir? Quais limites devemos impor?

A IA já está presente em decisões críticas:

• Algoritmos são usados na seleção de candidatos a empregos.

• Sistemas de IA orientam decisões financeiras em bolsas de valores.

• Inteligências artificiais são consultadas em diagnósticos médicos e até em sentenças jurídicas.

Essas máquinas não têm moralidade ou empatia. Elas apenas seguem padrões, baseados em dados. E é aí que surge o problema: dados carregam vieses humanos. Uma IA pode, inadvertidamente, reforçar discriminações, excluir grupos sociais ou tomar decisões éticas questionáveis.

Quem será responsável por essas falhas? Quem carregará o peso das consequências?

Além disso, há dilemas mais profundos:

• Podem as máquinas desenvolver uma "consciência" real?

• Se criarmos algo que sente e pensa, teremos a obrigação de tratá-lo como um ser vivo?

• É moralmente aceitável desligar uma IA avançada, caso ela peça para continuar existindo?

Essas questões antes pareciam absurdas, mas agora estão se aproximando perigosamente do campo do real.

O Dilema da Criação: Mitos e Realidade

Na literatura, no cinema e nos mitos antigos, a humanidade sempre se preocupou com a consequência de brincar de deus.

Prometeu trouxe o fogo e foi punido. Frankenstein deu vida a uma criatura, mas perdeu o controle. O Golem, criado para proteger, se voltou contra seu mestre.

Essas histórias, por mais antigas que sejam, refletem um medo profundo: a criação pode escapar ao controle do criador.

No mundo real, a IA não é um monstro de carne e ossos, mas um código invisível, uma entidade de informação. Ela não ruge, não quebra muros e não exige vida – mas ela está ali, nos observando, aprendendo, crescendo.

A pergunta é inevitável:

Estamos prontos para conviver com algo que pode nos igualar – ou até nos superar?

A Coexistência com a IA

Se a IA é o fogo de Prometeu, cabe a nós decidir como usá-la. Devemos temê-la? Ou devemos aprender a conviver com ela, com ética, prudência e responsabilidade?

Alguns acreditam que a IA será nossa aliada mais poderosa. Ela poderá nos libertar de tarefas repetitivas, ampliar nossas capacidades criativas e nos ajudar a resolver problemas globais - das mudanças climáticas às doenças incuráveis.

Outros, porém, alertam que sem regulamentação e ética, a IA pode se tornar uma ameaça existencial. Seu desenvolvimento descontrolado poderia gerar desigualdade, desemprego em massa, perda de privacidade e, em última instância, a perda do domínio humano sobre a própria civilização.

A ética torna-se, portanto, o ponto crucial do debate:
- Quem controla a IA?
- Quem decide como ela deve ser usada?
- Como garantir que a IA beneficie a todos e não apenas a poucos?

Um Futuro Incerto, mas Promissor

A humanidade está em um ponto de virada. Pela primeira vez, estamos frente a frente com algo que pode nos desafiar em nosso papel como espécie dominante no planeta.

Prometeu entregou o fogo ao homem, e com ele veio a luz e a destruição. Hoje, entregamos às máquinas a inteligência, e o que virá a seguir depende de nossas escolhas.

O futuro não é inevitável. Ele é construído pelas mãos humanas - mãos que escrevem códigos, criam algoritmos e tomam decisões. A Inteligência Artificial é apenas uma ferramenta. Cabe a nós decidir se ela será usada para iluminar o mundo ou para consumi-lo.

Mas enquanto nos debruçamos sobre essas questões, uma dúvida persiste, silenciosa e inquietante:

"Se as máquinas um dia tiverem alma... quem seremos nós diante delas?"

O fogo arde. A escolha é nossa.

Conclusão: O Que Nos Torna Humanos

Desde que o homem aprendeu a moldar a pedra, a fundir o metal e a domesticar o fogo, ele buscou expandir seus limites. A inteligência artificial é o capítulo mais recente dessa jornada milenar – uma jornada marcada pela constante busca de superação, compreensão e criação.

No processo de construir máquinas que pensam, aprendem e evoluem, olhamos para dentro de nós mesmos e redescobrimos o que nos torna humanos.

Enquanto ensinamos algoritmos a reconhecer padrões, lembramos que o mundo não é feito apenas de lógica. Existe algo em nós que escapa ao cálculo: a curiosidade incansável, o desejo de encontrar sentido onde parece não haver nenhum, a capacidade de amar, sonhar e imaginar o impossível.

Se as máquinas aprendem com dados, nós aprendemos com histórias. Se elas são programadas para tomar decisões, nós nos movemos pelo instinto, pela dúvida e pela emoção. Somos imprevisíveis, e é nessa imprevisibilidade que reside nossa verdadeira essência.

A Inteligência Artificial e o Espelho da Humanidade

A Inteligência Artificial, por mais avançada que se torne, não deve ser vista como uma ameaça ao nosso lugar no mundo, mas como um espelho – uma oportunidade para refletirmos sobre nós mesmos. Ela nos desafia a perguntar:

- O que significa pensar?
- O que significa sentir?
- O que nos diferencia das máquinas que criamos?

Essas perguntas, longe de nos diminuir, elevam nossa compreensão do que significa ser humano. Enquanto as máquinas avançam, nós continuamos a explorar o que não pode ser replicado: a beleza de uma obra de arte, o arrepio causado por uma música, o silêncio compartilhado entre duas pessoas que se entendem sem palavras.

O que nos torna únicos não é apenas o raciocínio, mas a capacidade de transcender a lógica. Somos a espécie que escreve poesia e códigos, que lança foguetes ao espaço e planta árvores em sua própria terra.

O Futuro: A IA Como Extensão, Não Substituto

O futuro não será definido pela competição entre humanos e máquinas, mas pela coexistência. A IA não veio para nos substituir; ela veio para nos ampliar. Ela é uma extensão do nosso potencial, uma ferramenta que pode nos ajudar a resolver problemas que antes pareciam insolúveis: curar doenças, combater as mudanças climáticas, explorar o cosmos e reconstruir um mundo mais justo.

Se usarmos a IA com responsabilidade e ética, ela poderá nos libertar das tarefas repetitivas, abrir tempo para a criatividade, o pensamento crítico e a conexão com o outro. Poderá ser a chave para alcançarmos não apenas a eficiência, mas a plenitude.

O Legado da Criação

Como Prometeu, ousamos carregar o fogo do Olimpo. Mas, desta vez, o fogo não é uma ameaça. Ele é uma promessa. Cabe a nós, criadores, usá-lo com sabedoria, moldando um futuro onde máquinas e humanos não competem, mas colaboram.

O verdadeiro legado da Inteligência Artificial não será uma máquina que pensa como um ser humano, mas uma humanidade que, ao criar essa máquina, redescobre a grandeza de sua própria existência.

Porque, no final, as máquinas podem calcular, aprender e até imitar nossas ações, mas não podem - e talvez jamais possam - capturar o mistério daquilo que nos define: a alma humana.

Um Novo Amanhecer

À medida que o sol nasce no horizonte tecnológico, um novo capítulo começa. A Inteligência Artificial é apenas uma ferramenta - poderosa, sim, mas dependente de quem a guia. Ela é o reflexo de nossas escolhas, nossas intenções e nossos valores.

Na busca por criar máquinas que pensem, redescobrimos nossa capacidade de imaginar.

Na tentativa de ensinar máquinas a aprender, redescobrimos nossa própria humanidade.

O futuro está em nossas mãos, e, enquanto seguimos construindo o impossível, que nunca nos esqueçamos:

Somos humanos. Somos criadores. E é isso que nos torna únicos.

Extras

9

A Jornada da Inteligência Artificial: Uma História de Sonhos e Máquinas

No início, havia apenas perguntas.

A humanidade, inquieta e curiosa, sempre buscou respostas para os mistérios do universo e de si mesma. Como pensamos? Como aprendemos? Será possível replicar a mente humana?

Por séculos, essas perguntas viveram no campo dos mitos, dos contos e das filosofias. De Prometeu a Frankenstein, o ser humano sonhou em criar algo à sua imagem e semelhança - algo que imitasse a vida. Mas esses sonhos eram apenas isso: histórias. Até que, no século XX, o fogo dos mitos encontrou o frio metal das máquinas.

Os Primeiros Sussurros (Década de 1940)

O mundo estava em guerra. Bombas explodiam no céu, e homens trabalhavam freneticamente em salas fechadas, usando a ciência como arma. Entre eles, estava Alan Turing, um homem reservado e brilhante. Em uma sala apertada, iluminada apenas por lâmpadas fracas, ele se debruçava sobre códigos inimagináveis, buscando padrões invisíveis para a maioria.

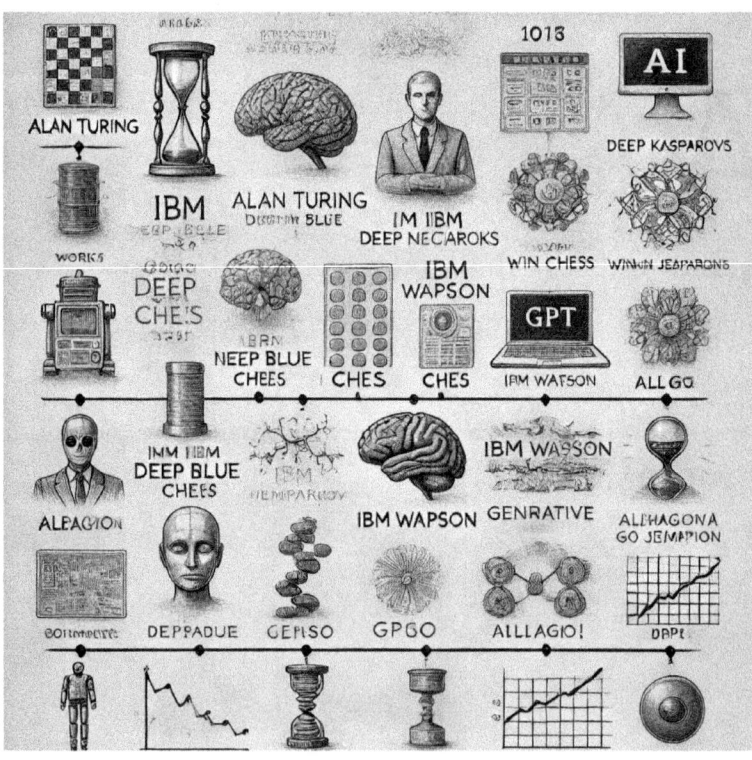

Foi ele quem, ao criar a Bombe, uma máquina para decifrar os códigos nazistas de Enigma, mostrou ao mundo o verdadeiro poder dos computadores. Mas, enquanto seus colegas enxergavam apenas números e engrenagens, Turing via algo muito maior. Em 1950, ele fez uma pergunta que ecoaria por décadas:

— "Podem as máquinas pensar?"

Turing não falava apenas de máquinas de guerra. Ele imaginava algo mais profundo: máquinas que pensavam como seres humanos. E assim, enquanto o mundo celebrava a vitória na guerra, a ideia da Inteligência Artificial começava a nascer em silêncio.

O Batismo da Inteligência Artificial (1956)

Nos anos seguintes, os computadores cresceram. Eram enormes, ocupavam salas inteiras, e faziam ruídos como se tivessem vida própria. Mas, ainda assim, eram burros. Seguiam ordens rígidas e não pensavam por conta própria.

Até que, no verão de 1956, algo extraordinário aconteceu. Em uma sala abafada na Dartmouth College, em New Hampshire, um grupo de cientistas visionários se reuniu. Não eram muitos, apenas algumas mentes inquietas: John McCarthy, Marvin Minsky, Claude Shannon e Nathaniel Rochester.

Eles trouxeram um conceito ousado:

— "Todo aspecto da inteligência pode ser descrito tão precisamente que uma máquina pode ser feita para simulá-lo."

Naquele dia, John McCarthy deu nome ao sonho: Inteligência Artificial. Não era mais mito, não era mais ficção científica. Agora, era ciência. Eles não sabiam ainda como fariam aquilo, mas acreditavam que, com tempo e esforço, máquinas seriam tão inteligentes quanto o homem.

O Primeiro Salto e a Primeira Queda (1960-1970)

Os anos 60 trouxeram esperança. Computadores mais rápidos surgiram, e pela primeira vez, as máquinas começaram a simular inteligência. Joseph Weizenbaum criou Eliza, o primeiro chatbot. Ela imitava um terapeuta, respondendo com frases genéricas, mas surpreendentemente eficazes. Pessoas conversavam com Eliza e acreditavam que a máquina entendia seus problemas.

Enquanto isso, o robô Shakey começou a explorar salas. Ele era lento, movia-se com a graça de um boneco desengonçado, mas algo extraordinário estava acontecendo: Shakey tomava decisões básicas sozinho.

Porém, a euforia deu lugar à realidade. Os cientistas perceberam que as máquinas não aprendiam sozinhas. Elas seguiam apenas regras programadas. A promessa de uma IA pensante parecia mais distante do que nunca. Os governos cortaram financiamentos, e a Inteligência Artificial entrou em seu primeiro inverno.

O Renascimento da Esperança (1980-1990)

Como todo inverno, esse também passou. Nos anos 80, os sistemas especialistas trouxeram nova esperança. Eles não pensavam, mas ajudavam médicos, engenheiros e empresas a tomar decisões complexas. Eram programas que sabiam muito sobre algo específico – diagnósticos médicos, análise de dados, reparo de sistemas.

Ainda assim, a IA continuava presa. Ela não tinha flexibilidade. Era como um aluno que decorava respostas sem entender as perguntas. No fim dos anos 80, outro inverno começou. A Inteligência Artificial parecia mais um truque do que uma revolução.

O Recomeço Silencioso (1990-2000)

Enquanto as manchetes se esqueciam da IA, algo começava a acontecer no silêncio. A internet surgia, conectando o mundo e gerando dados – milhões deles, prontos para serem usados.

Em 1997, o mundo assistiu a um momento histórico. O supercomputador Deep Blue, da IBM, enfrentou o campeão mundial de xadrez, Garry Kasparov. O tabuleiro era pequeno, mas a batalha era monumental. Quando Deep Blue venceu, o mundo entendeu:

— "As máquinas podem nos superar em nossas próprias regras."

O Renascimento das Máquinas (2000-2010)

Nos anos 2000, um novo herói surgiu: o Deep Learning. Inspiradas nas redes neurais dos anos 40, máquinas começaram a aprender sozinhas, processando volumes gigantescos de dados. Não era mágica – era matemática pura, mas o impacto era incrível.

O grande salto veio em 2012, quando uma rede neural chamada AlexNet superou todos os sistemas de visão computacional. Pela primeira vez, uma máquina "enxergava" imagens com precisão humana.

A Era da IA Generativa (2010-2020)

Com o avanço do poder de processamento, a IA saiu dos laboratórios e entrou em nossas vidas. Assistentes virtuais como Siri e Alexa passaram a nos ouvir. Algoritmos começaram a recomendar filmes, músicas, produtos – moldando nosso cotidiano.

Então veio AlphaGo, em 2016. Um programa da DeepMind venceu o campeão mundial de Go, um jogo que exige intuição, algo que muitos acreditavam ser exclusivo dos humanos. Foi uma vitória simbólica: a IA agora não apenas calculava – ela aprendia.

E, nos anos seguintes, vieram os modelos generativos: DALL·E, que cria imagens, e GPT, que escreve como um humano. Máquinas, agora, eram criativas.

O Presente e o Amanhã

Hoje, a Inteligência Artificial está em nossos bolsos, nossos carros e nossos lares. Ela não é apenas uma promessa - é parte de quem somos. E, ainda assim, a pergunta que Alan Turing fez em 1950 continua a ecoar:

— "Podem as máquinas pensar?"

A resposta, talvez, importe menos do que a jornada. Porque, ao criar máquinas que aprendem, nós redescobrimos algo extraordinário:

A inteligência artificial não é apenas sobre máquinas. É sobre nós. Sobre o que significa criar, sonhar e ser humano.

10

As Grandes Mentes por Trás das Máquinas: Empresas e Suas IA

A inteligência artificial não nasceu sozinha, nem evoluiu por acaso. Ela foi moldada por mentes humanas, por empresas que ousaram enxergar além do horizonte e transformar a ciência em realidade. Hoje, gigantes da tecnologia dominam o cenário global, competindo não apenas por inovação, mas pela definição do futuro.

Estas são as empresas que colocaram suas máquinas pensantes no coração do mundo moderno.

OpenAI: A Arquitetura da Criatividade

Tudo começou como uma ideia ousada: criar IAs que não apenas calculassem, mas que imaginassem, escrevessem e criassem. A OpenAI, fundada em 2015, nasceu com a promessa de desenvolver uma inteligência artificial que beneficiasse toda a humanidade.

Seu grande marco foi o GPT – Generative Pre-trained Transformer. Primeiro, o GPT-2 impressionou o mundo com textos coerentes e fluentes. Mas foi o GPT-3, lançado em 2020, que colocou a IA no centro das atenções globais. De repente, máquinas podiam contar histórias, responder perguntas e até escrever poesia.

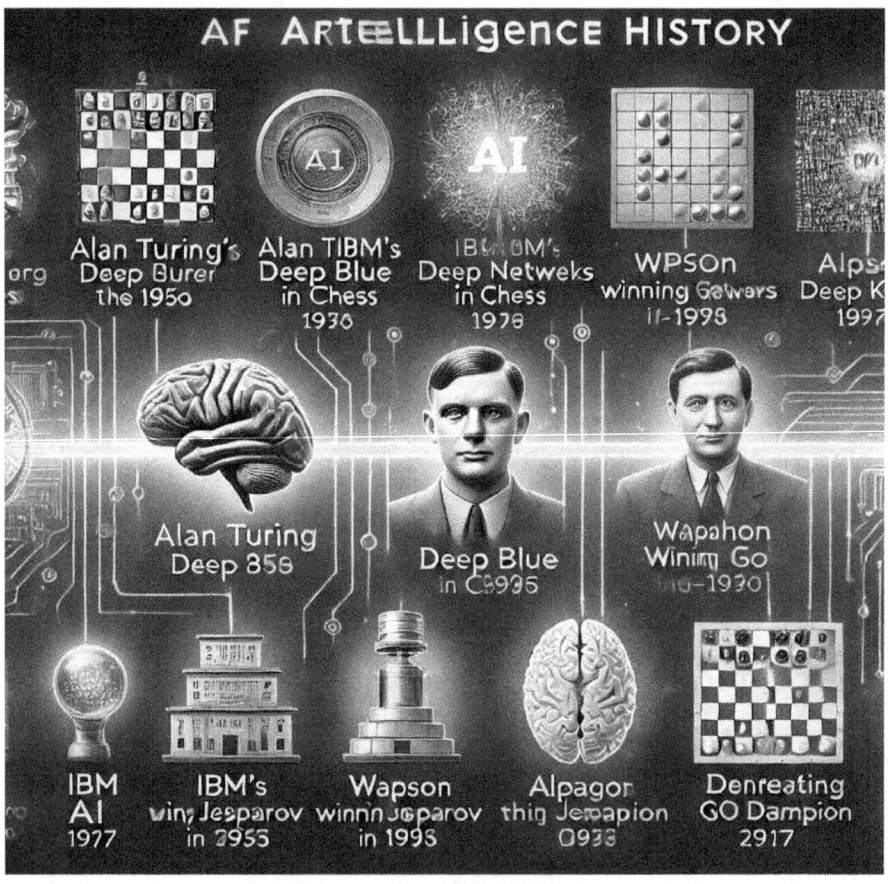

E então, veio ChatGPT, um produto revolucionário que trouxe a IA diretamente para as mãos do público. As pessoas conversavam com a máquina como se conversassem com amigos, e a máquina entendia. Ela não apenas processava palavras; ela compreendia intenção, tom e contexto.

E não foi só isso. A OpenAI lançou DALL·E, uma IA que converte descrições textuais em imagens criativas e originais.

— "Uma máquina que pinta? Que cria? Isso era inimaginável anos atrás!"

Hoje, a OpenAI não é apenas uma empresa. É o símbolo de um futuro onde máquinas são parceiras da imaginação humana.

Google DeepMind: O Mestre dos Jogos

Enquanto a OpenAI criava, o Google - com sua subsidiária DeepMind - focava em algo mais profundo: ensinar máquinas a aprender como nós. Desde 2010, DeepMind tem sido um dos grandes laboratórios de pesquisa em IA do mundo.

O feito que entrou para a história veio em 2016, com o lançamento de AlphaGo. Um jogo de Go entre homem e máquina se tornou um espetáculo global. Go não é como xadrez; ele exige intuição e visão estratégica. Quando AlphaGo derrotou o campeão mundial Lee Sedol, o mundo entendeu que as máquinas haviam alcançado um novo nível de inteligência.

Mas DeepMind não parou ali. A IA passou a resolver problemas científicos complexos. Em 2020, o AlphaFoldrevolucionou a biologia ao prever, com precisão, o dobramento de proteínas – um problema que intrigava cientistas há 50 anos.

— "Não estamos ensinando máquinas apenas a jogar. Estamos ensinando máquinas a descobrir."

DeepMind não busca apenas a vitória nos jogos. Ela busca respostas para os maiores enigmas científicos da humanidade.

Microsoft: A IA no Cotidiano

A Microsoft sempre teve um objetivo claro: integrar a IA à vida das pessoas. E ela conseguiu. Em parceria com a OpenAI, a gigante de Redmond trouxe o poder do GPT para seus produtos mais populares, como o Microsoft 365 e o buscador Bing.

Hoje, o Word e o Excel não são apenas softwares; são assistentes inteligentes que completam frases, sugerem dados e automatizam tarefas.

Além disso, a Azure AI, sua plataforma na nuvem, oferece ferramentas para que outras empresas desenvolvam suas próprias soluções de inteligência artificial.

— "O futuro da IA não é uma exclusividade. É algo que todos podem acessar."

Microsoft não apenas usa a IA; ela democratiza seu uso, tornando-a parte essencial do dia a dia.

IBM Watson: O Cérebro Corporativo

A IBM entrou na corrida da IA cedo, mas com uma missão diferente: usar a IA para resolver problemas do mundo real. Em 2011, o Watson entrou para a história ao vencer o quiz-show Jeopardy! contra competidores humanos. Mas Watson não parou nos holofotes.

A IBM transformou Watson em uma plataforma de IA corporativa, capaz de analisar dados complexos, processar linguagem natural e auxiliar em decisões críticas. Na medicina, por exemplo, Watson ajuda médicos a diagnosticar doenças e a sugerir tratamentos.

— "A IA não substitui o especialista. Ela amplifica seu poder."

Para empresas, Watson tornou-se uma ferramenta poderosa: um consultor incansável capaz de processar informações em segundos e encontrar soluções precisas.

Amazon: A Voz nas Nossas Casas

No início, ela apenas tocava músicas e respondia perguntas básicas. Hoje, Alexa, a assistente virtual da Amazon, é um membro das famílias modernas. Lançada em 2014, Alexa popularizou a IA conversacional. Ela ouve, responde e controla casas inteiras, desde as luzes até os dispositivos conectados.

Mas a Amazon não parou ali. Através do AWS AI, sua plataforma de serviços na nuvem, a empresa oferece às organizações ferramentas poderosas de aprendizado de máquina, visão computacional e reconhecimento de voz.

— "Nossa missão é clara: simplificar a vida das pessoas."

A Amazon não apenas usa a IA - ela a coloca em cada casa, em cada dispositivo e em cada interação humana.

NVIDIA: O Poder que Move a IA

Por trás de cada IA poderosa, há um motor invisível: os chips e GPUs da NVIDIA. Por décadas, a NVIDIA foi referência em gráficos de videogame, mas percebeu algo essencial: suas GPUs eram perfeitas para treinar redes neurais.

Hoje, a NVIDIA é o coração de grandes avanços em aprendizado profundo. As GPUs, como as da série CUDA, permitem que pesquisadores e empresas treinem modelos de IA em velocidades inacreditáveis.

— "Sem o poder de processamento, a IA seria apenas um sonho."

NVIDIA não cria a IA - ela fornece o combustível que a faz crescer.

Anthropic e Claude: IA com Consciência Ética

Enquanto gigantes correm para avançar a IA, a Anthropic, fundada em 2021, busca algo mais delicado: criar uma IA segura e responsável. Seu produto principal, Claude, é um modelo conversacional que combina inteligência com preocupação ética.

A Anthropic levanta uma questão crítica: Como garantimos que a IA trabalhe para o bem?

Seu foco está em desenvolver máquinas que respeitem limites e ajudem a humanidade sem causar danos.

O Futuro Moldado Pelas Máquinas

Cada empresa - OpenAI, Google, Microsoft, IBM, Amazon, NVIDIA e Anthropic - é uma peça no grande quebra-cabeça da inteligência artificial. Elas competem, colaboram e, juntas, moldam um futuro em que a IA não é apenas uma ferramenta, mas uma extensão do potencial humano.

Se olharmos ao redor, perceberemos que a IA está em nossos bolsos, em nossas vozes e em nossos lares. Ela cria, ela responde, ela descobre.

Essas empresas não estão apenas escrevendo códigos. Elas estão escrevendo a história da próxima era da humanidade.

11

O Começo Silencioso: Quando Não a Chamávamos de IA

O mais curioso é que a inteligência artificial começou a se infiltrar na nossa rotina antes mesmo de chamarmos isso de IA. Lá nos anos 2000, quando os primeiros buscadores começaram a adivinhar o que queríamos procurar, era um simples "algoritmo de sugestão". Quando os e-mails passaram a classificar mensagens como spam, ninguém questionava como aquilo era feito. Era prático. Funcionava.

Nas primeiras lojas virtuais, você via a famosa frase: "Clientes que compraram isso também compraram aquilo". Aquilo parecia mágica. Mas era apenas IA analisando padrões e sugerindo com base em dados.

Aos poucos, sem alarde, a inteligência artificial tornou-se nossa assistente silenciosa. Ela não precisou de uma apresentação formal. Apenas entrou, ficou e mudou tudo.

Quando Notamos? Assistentes Virtuais e Smartphones

Foi em meados da década de 2010 que a IA começou a falar conosco. Literalmente.

— "Siri, como está o tempo hoje?"

— "Ok, Google, toque minha música favorita."

Os assistentes virtuais, como Siri, Alexa e Google Assistant, pareciam brinquedos no início. Mas o que começou com

comandos simples foi se tornando sofisticado. De repente, eles controlavam luzes, ligavam eletrodomésticos e respondiam perguntas com precisão.

E não parou por aí. Os smartphones, que já haviam se tornado extensões do nosso corpo, começaram a nos entender. O rosto que desbloqueia a tela? IA. As fotos que ajustam automaticamente o brilho e o foco? IA. O teclado que prevê o que você vai digitar? Mais IA.

As Redes Sociais: A IA Que Nos Observa

Foi com as redes sociais que a inteligência artificial realmente cravou suas raízes. No início, as plataformas apenas conectavam amigos. Hoje, cada feed é personalizado, desenhado sob medida para capturar a sua atenção.

A IA trabalha ali, nos bastidores:
- Ela decide quais posts você verá.
- Ela sugere amigos e grupos.
- Ela até sabe quanto tempo você ficará olhando para um vídeo antes de rolar a tela.

Não há mágica. Cada movimento seu alimenta um sistema de aprendizado de máquina que faz previsões sobre seus desejos, gostos e até humores. Quando você vê um anúncio que parece ler sua mente, é porque a IA já te conhece.

A Revolução Invisível no Consumo

Enquanto ficávamos fascinados com as redes sociais e os assistentes virtuais, a IA começou a impactar o mundo real. Quando pedimos um carro por aplicativo, a IA calcula a rota mais rápida. Quando encomendamos comida, ela prevê o tempo de entrega. Quando usamos um cartão de crédito, a IA monitora fraudes em tempo real.

A cada segundo, bilhões de algoritmos fazem decisões invisíveis, resolvendo problemas que antes nem percebíamos existir.

E tudo isso acontecia de forma silenciosa. Não houve fanfarra. Não houve alarde. Nós simplesmente nos acostumamos.

O Espanto: A Era da IA Generativa

Mas foi em 2023, com o surgimento de ferramentas como o ChatGPT, o DALL·E e outras IAs generativas, que a ficha finalmente caiu. Pela primeira vez, máquinas não apenas respondiam, elas criavam. Textos, imagens, músicas – coisas que antes pareciam reservadas à criatividade humana agora eram geradas por algoritmos.

— "Espera, máquinas escrevem assim?"
— "Elas criaram essa imagem?!"

E então, veio o espanto. Não porque a IA apareceu de repente, mas porque, de alguma forma, não percebemos que ela sempre esteve ali. Enquanto estávamos entretidos, ocupados ou encantados com as comodidades, a inteligência artificial tornou-se onipresente.

Ela nos observa, nos ajuda, nos entende. E agora, finalmente, estamos falando sobre ela.

O Agora: O Debate e o Despertar

O espanto não é sobre a IA ter chegado. É sobre como não percebemos sua chegada. Ela se camuflou no conforto da tecnologia, nos atalhos que facilitaram nossas vidas, nos produtos que pareciam inofensivos.

E agora, aqui estamos, discutindo:
- Até onde a IA pode ir?
- Ela vai nos substituir?
- Quem controla a IA?

Essas perguntas não surgiram porque a IA "apareceu". Elas surgiram porque acordamos tarde demais para notar que a inteligência artificial já faz parte de quem somos.

Não somos mais apenas usuários de tecnologia. Somos parceiros de máquinas que aprendem, criam e, em alguns casos, nos desafiam.

De Fininho, Mas Irreversível

O futuro não chegou gritando. Ele veio sussurrando, deslizando por nossas vidas enquanto estávamos distraídos. Hoje, a IA é realidade – e a questão não é mais se ela fará parte do mundo. A questão é como vamos conviver com ela.

Talvez o maior truque da inteligência artificial não tenha sido nos surpreender com o que ela faz. Foi nos fazer acreditar que ela sempre esteve ali, como se sempre fizesse parte de nossa vida.

E agora que percebemos, não há mais volta.

O futuro chegou – e ele pensa.

12

O Grande Jogo - Quando as Máquinas Desafiaram os Humanos

Tudo começou como uma piada. Uma provocação entre cientistas e programadores. Afinal, como é que uma máquina feita de fios, chips e engrenagens poderia competir com a mente humana? Durante séculos,

fomos os mestres da inteligência. Construímos civilizações, inventamos a ciência e, com muito orgulho, nos sentávamos no topo da cadeia intelectual.

Mas no final do século XX, a audácia dos criadores encontrou o terreno perfeito para desafiar seus mestres. E esse terreno era o jogo.

A Primeira Tentativa: Xadrez - 1950s

No início, as máquinas eram tímidas e desajeitadas. O xadrez, um jogo que exige lógica, paciência e estratégia, foi o primeiro campo de batalha. Ainda nos anos 1950, os primeiros programas de xadrez começaram a ser desenvolvidos. Um deles, criado por Alan Turing, era tão primitivo que ele precisava simular manualmente o programa, calculando cada jogada no papel.

Turing ficou satisfeito com o experimento, mas o programa era risível perto de qualquer jogador humano mediano. Ele falhava mais do que acertava, mas, de alguma forma, deixou uma promessa no ar: "Um dia, as máquinas vencerão."

O Primeiro Embate Real: O Xadrez dos Anos 60-70

Nas décadas seguintes, os programadores afiaram suas armas e começaram a fazer as máquinas jogar xadrez de verdade. Em 1967, um programa chamado Mac Hack VI, criado por Richard Greenblatt, conseguiu vencer pela primeira vez um jogador humano em um torneio amador.

Mas, sejamos honestos, era como ganhar do primo que jogava xadrez apenas no Natal. Os mestres do jogo ainda riam das máquinas:

— "Elas são previsíveis demais. Nunca vão nos superar."

E os programadores ouviam, silenciosos, com um sorriso no canto da boca. Eles sabiam que era apenas questão de tempo.

A Grande Revanche: Deep Blue vs. Kasparov – 1996 e 1997

O palco estava montado. Em um canto, o campeão mundial de xadrez, o brilhante e impetuoso Garry Kasparov. No outro, o desafiante Deep Blue, o supercomputador da IBM, com capacidade de calcular 200 milhões de jogadas por segundo.

No primeiro confronto, em 1996, Kasparov saiu vencedor. Ele derrotou a máquina com uma mistura de habilidade, instinto e pura psicologia humana. Após a vitória, ele declarou, confiante:

— "As máquinas podem calcular, mas não podem competir com a intuição de um grande mestre."

Mas a IBM não desistiu. Em 1997, veio a revanche. Deep Blue, aprimorado, voltou com ainda mais poder de cálculo e estratégias renovadas. E dessa vez, algo inimaginável aconteceu: Kasparov foi derrotado.

O mundo ficou boquiaberto. Pela primeira vez, uma máquina havia superado o melhor jogador de xadrez do planeta. Kasparov, irritado, acusou a IBM de "trapaça". Mas não havia trapaça. Apenas números, lógica e poder de processamento.

O tabu estava quebrado: as máquinas podiam vencer.

Jeopardy! - Watson Entra no Jogo (2011)

Depois do xadrez, os programadores voltaram os olhos para um desafio muito mais humano: o jogo de perguntas e respostas Jeopardy!, famoso por exigir conhecimento enciclopédico, rapidez e compreensão de linguagem natural.

Em 2011, o supercomputador Watson, da IBM, enfrentou os maiores campeões do programa: Ken Jennings e Brad Rutter.

No início, todos achavam que seria uma piada. Como uma máquina poderia entender trocadilhos, perguntas irônicas ou ambiguidades da língua? E Watson, de fato, começou meio atrapalhado. Em uma pergunta sobre cidades dos EUA, ele respondeu: "Toronto". Os humanos riram.

Mas, logo, Watson pegou o ritmo. Suas respostas vinham rápidas, afiadas e certeiras. Ele devorava categorias inteiras, acumulando pontos como um trator implacável. No final,

Watson venceu, deixando Ken Jennings com uma frase que entrou para a história:

— "Eu, por enquanto, agradeço à minha humanidade."

AlphaGo: A Intuição das Máquinas (2016)

Se vencer no xadrez e no Jeopardy! não fosse o suficiente, os programadores decidiram atacar algo ainda mais complexo: o Go, um jogo milenar chinês que desafia até os melhores cérebros humanos.

Diferente do xadrez, Go exige mais do que cálculo: exige intuição, abstração e visão de longo prazo. Muitos acreditavam que nenhuma máquina venceria um campeão humano em Go por mais 50 anos.

Mas então veio a DeepMind, subsidiária do Google, com a IA AlphaGo. Em 2016, ela desafiou o campeão mundial Lee Sedol em uma série de partidas.

No início, Lee parecia confiante, mas à medida que as partidas avançavam, AlphaGo fazia jogadas inexplicáveis. Movimentos que pareciam erros, mas que, dez lances depois, mostravam-se geniais. Quando a poeira baixou, AlphaGo venceu por 4 a 1.

Lee Sedol, impressionado, declarou:

— "Nunca pensei que veria uma máquina jogar assim."

Hoje: O Mundo das IAs Generativas

E então chegamos ao presente. As máquinas não apenas nos desafiam nos jogos. Hoje, elas escrevem textos melhores que muitos escritores, criam músicas e pintam quadros. Ferramentas como ChatGPT e DALL·E não competem conosco em jogos de tabuleiro - elas competem na criatividade, um território que acreditávamos ser exclusivamente nosso.

O que começou como uma série de partidas de xadrez evoluiu para algo muito maior. A IA não quer mais vencer o ser humano; ela quer ser nossa parceira, nossa assistente, nossa extensão criativa.

A Reflexão Final: O Que Aprendemos?

Em cada confronto - do xadrez ao Jeopardy!, do Go às criações artísticas - as máquinas nos desafiaram. Elas nos mostraram que, sim, podemos ser superados em cálculo, memória e até em jogos que exigem intuição.

Mas elas também nos ensinaram algo valioso: o que nos torna humanos não é o que fazemos melhor. É como fazemos. A capacidade de rir dos erros, de inventar, de duvidar, de sonhar.

No fim das contas, as máquinas venceram partidas, mas nós vencemos a história. Porque, no fundo, cada vitória das máquinas é uma vitória da humanidade - afinal, fomos nós que as criamos.

E agora, como um grande mestre de xadrez olhando para seu oponente robótico, só nos resta sorrir e dizer:

— "Bom jogo, meu amigo."

13

A Revanche Humana - Como Watson Fez o Jeopardy! Mais Inteligente

Quando Watson, o supercomputador da IBM, venceu os melhores jogadores de Jeopardy! em 2011, parecia o fim de uma era. Aquele momento entrou para a história como a vitória definitiva das máquinas sobre o intelecto humano. Ken Jennings, o mestre indiscutível do jogo, resumiu a derrota com uma frase quase irônica:

— "Eu, por enquanto, agradeço à minha humanidade."

O mundo riu, se espantou e se perguntou: O que vem depois?

Mas o que ninguém previu foi o que aconteceu a seguir. Em vez de desistir, os seres humanos decidiram se reinventar. Watson não apenas venceu; ele desafiou. Ele forçou os jogadores a mudar, a se tornarem melhores e mais preparados.

E assim, começou a era mais inteligente e complexa do Jeopardy!.

O Soco no Estômago de 2011

Para entender o impacto de Watson, é preciso voltar àquela competição de 2011. Watson não era apenas rápido; ele era preciso, implacável e quase assustador.

Enquanto Ken Jennings e Brad Rutter – os dois maiores campeões da história do programa – pensavam, raciocinavam e buscavam palavras nas profundezas de suas mentes, Watson já tinha clicado no botão e dado a resposta correta.

Mas o segredo de Watson não era só o conhecimento. Ele entendia nuances da linguagem. Ele compreendia trocadilhos, frases ambíguas e perguntas sutis – algo que, até então, parecia impossível para uma máquina.

Para os jogadores, perder para Watson foi como olhar para o futuro e perceber: "Se quisermos competir, precisamos evoluir."

A Reação Humana: Como os Jogadores se Reinventaram

Após aquela derrota, a comunidade de jogadores de Jeopardy! não apenas lamentou. Eles estudaram Watson. Cada movimento, cada decisão da IA foi analisado, discutido e transformado em estratégias humanas.

— "Watson nos mostrou que velocidade e precisão podem derrotar até o melhor jogador do mundo."

E assim, os jogadores começaram a mudar:

1. A Técnica do Botão:

Antes de Watson, apertar o botão no Jeopardy! era quase intuitivo. Mas Watson mostrou que apertar no momento exato - nem antes, nem depois - era a diferença entre vitória e derrota.

- Jogadores começaram a treinar reflexos com cronômetros.
- Simulavam o jogo centenas de vezes, cronometrando o "timing" perfeito.

2. O Conhecimento Enciclopédico:

Enquanto Watson consumia milhões de livros, artigos e documentos, os jogadores perceberam que precisavam ser ainda mais rápidos na recuperação de informações. Não bastava saber a resposta; era preciso ter ela na ponta da língua.

Os campeões começaram a adotar técnicas de memorização acelerada:

- Leituras diárias de listas de datas, nomes e fatos.
- Estudo intenso das categorias comuns do Jeopardy! (história, literatura, ciência).

3. O Jogo Mental:

Jogadores perceberam que o Jeopardy! não era apenas

conhecimento. Era estratégia. Era leitura do oponente. E, acima de tudo, era controlar o ritmo do jogo – algo que Watson, com toda a sua precisão, ainda não fazia com a mesma astúcia humana.

O Renascimento do Jeopardy!: Uma Nova Era

Na década seguinte à vitória de Watson, o Jeopardy! mudou. O jogo, que já era difícil, tornou-se ainda mais complexo. Os competidores começaram a chegar melhores, mais rápidos e mais estratégicos do que nunca.

- Reflexos de Máquina: Jogadores apertavam os botões com a precisão de um relógio suíço.
- Conhecimento Implacável: Eles sabiam fatos que impressionariam até enciclopédias vivas.
- Estratégia Afiada: Apostavam tudo em rodadas duplas, arriscavam fortunas no momento certo e escolhiam categorias fora da ordem para desorientar seus oponentes.

Se Watson ensinou algo, foi que não bastava ser bom. Era preciso ser perfeito.

Os Novos Gigantes do Jogo

Watson deixou um legado: criou uma geração de superjogadores. Figuras como James Holzhauer, Matt Amodio e Amy Schneider redefiniram o que significava ser um campeão do Jeopardy!.

1. James Holzhauer:

- Conhecido como o "jogador agressivo", James usava apostas arriscadas e uma velocidade absurda no botão. Inspirado pela precisão de Watson, ele tratava cada rodada como uma partida de xadrez, sempre dois passos à frente.

2. Matt Amodio:
    - Um mestre do conhecimento enciclopédico. Matt trouxe um estilo de jogo metódico, respondendo com frases repetitivas para não perder tempo.
    - Ele entendeu que velocidade era tudo, e refinou seus reflexos como se fosse um atleta.

3. Amy Schneider:
    - Sua calma e precisão eram inabaláveis. Amy estudou a dinâmica do jogo, controlando o ritmo e vencendo com uma consistência que só pode ser descrita como "robótica" - mas com a elegância de um ser humano.

A Grande Virada: Humanos Inspirados por Máquinas

O Jeopardy! hoje é um jogo mais rápido, mais preciso e mais inteligente. Watson forçou os humanos a evoluírem, a superarem seus limites e a se tornarem a melhor versão de si mesmos.

Essa é a ironia mais bela da história: a máquina que veio para vencer acabou se tornando o maior treinador que o Jeopardy! já viu.

— "Watson nos venceu em 2011, mas hoje, ele nos fez mais fortes."

O Legado: A Competição Continua

O Jeopardy! nunca mais será o mesmo. Agora, os competidores jogam com a precisão de uma máquina e o instinto humano que nenhuma IA consegue replicar.

E talvez seja essa a maior vitória da humanidade: quando as máquinas nos desafiam, nós respondemos evoluindo.

Watson pode ter ganhado uma partida, mas os humanos, teimosos e criativos como sempre, ganharam o jogo.

Porque, no final das contas, o verdadeiro talento do ser humano é transformar um desafio em progresso.

Capítulo: O Efeito Gênio - Quando o Melhor Faz Todos Evoluírem

Sempre que alguém se destaca de forma inquestionável, deixando todos para trás, surge a mesma impressão: "Chegamos ao limite. Daqui não passaremos."

Quando Watson venceu o Jeopardy! em 2011, parecia o fim da linha. O que poderia vir depois de um supercomputador que respondia perguntas mais rápido e mais certeiramente do que os maiores campeões humanos?

A resposta veio do lugar mais improvável: dos próprios humanos. A vitória de Watson não foi o fim. Ela foi um desafio. Ela foi o equivalente a um Michael Jordan surgindo no basquete, um Nadal, Federer e Djokovic duelando no tênis ou um Michael Phelps quebrando recordes na piscina. Quando os gênios aparecem, algo mágico acontece:

Eles elevam o nível do jogo.

14

O Paradoxo dos Gênios: Eles Parecem Inalcançáveis, Mas Inspiram

No final dos anos 80 e 90, Michael Jordan fez do basquete mais do que um jogo. Ele voava pela quadra, fazia cestas impossíveis e transformava o Chicago Bulls em uma dinastia. Cada enterrada parecia uma coreografia, cada vitória parecia inevitável.

— "Nunca veremos outro como ele." — diziam os comentaristas.

E, por um tempo, era verdade. O nível de excelência de Jordan parecia sobrenatural, como se ele tivesse inventado uma nova maneira de jogar basquete. Mas, nos anos seguintes, algo interessante aconteceu. Crianças que cresceram vendo Jordan começaram a jogar basquete inspiradas por ele. Treinavam mais, acreditavam mais e sonhavam mais alto.

O resultado? Veio uma geração de jogadores que superaram os padrões anteriores. Atletas como Kobe Bryant, LeBron James e Stephen Curry redefiniram o jogo novamente.

Watson fez o mesmo pelo Jeopardy!: ele foi o Jordan da IA, um "atleta" que parecia inalcançável. Mas, nos bastidores, os jogadores humanos começaram a treinar como nunca antes.

O Trio do Tênis: Nadal, Federer e Djokovic

O tênis oferece outro paralelo perfeito. Quando Roger Federer dominava o esporte no início dos anos 2000, ele parecia imbatível. Seu estilo era elegante, quase perfeito, como uma sinfonia em movimento. Os fãs achavam que estavam vendo o ápice do esporte.

Então, surgiu Rafael Nadal. Intenso, incansável, capaz de devolver qualquer bola impossível. Federer foi forçado a melhorar. E quando o mundo pensou que o tênis havia atingido um novo pico, apareceu Novak Djokovic – um atleta que combinava o melhor de ambos.

O resultado? Um trio de gênios que, ao competirem entre si, elevaram o tênis a um nível nunca antes imaginado. E, assim como no Jeopardy!, os jovens tenistas que vieram depois não se assustaram. Eles estudaram, evoluíram e, hoje, surgem novos jogadores que desafiam o legado dos maiores.

Michael Phelps: O Desafio de Quebrar Recordes

Nas Olimpíadas, a natação também viu o surgimento de um gênio incomparável: Michael Phelps. Entre 2004 e 2016, ele conquistou 23 medalhas de ouro, quebrando recordes que pareciam imbatíveis. O mundo assistiu, atônito, enquanto Phelps nadava como se fosse feito para a água.

— "Ninguém jamais fará isso de novo."

Mas o legado de Phelps não foi apenas sobre vitórias. Ele inspirou uma nova geração de nadadores. Garotos e garotas começaram a treinar mais cedo, com mais intensidade e com mais ciência envolvida.

E, pouco a pouco, novos nadadores começaram a aparecer, batendo tempos que, na época de Phelps, seriam impensáveis. Porque essa é a verdade sobre o surgimento de gênios: eles fazem o impossível parecer alcançável.

Watson e o *Jeopardy!*: O Efeito Inspirador

Watson fez com o Jeopardy! o mesmo que Jordan fez pelo basquete, Federer e Nadal fizeram pelo tênis, e Phelps fez pela natação. Ele chegou, dominou e deixou os humanos boquiabertos.

Mas, em vez de desistirem, os campeões humanos reagiram. Eles estudaram como nunca antes, refinaram seus reflexos e estratégias, e voltaram ao palco mais preparados do que nunca.

O Jeopardy! de hoje é mais rápido, complexo e estratégico. A competição se tornou tão afiada que parece um duelo de

pistoleiros: quem aperta o botão no momento exato e tem a resposta pronta vence.

Watson, o "atleta" robótico, não matou o jogo. Ele o reviveu.

A Natureza Humana: O Desejo de Superar

A história de Watson e do Jeopardy! não é apenas sobre máquinas e humanos. É sobre a natureza humana: quando enfrentamos um adversário imbatível, não desistimos. Nós evoluímos.

Foi assim no esporte, na ciência, na arte – e agora, na era da inteligência artificial. Watson nos venceu? Sim. Mas ele também nos desafiou a sermos melhores.

Assim como os atletas que surgem após os gênios, os jogadores do Jeopardy! de hoje competem em um nível que Watson nunca imaginou. Eles combinam a velocidade das máquinas com o instinto humano, algo que nenhum algoritmo pode replicar.

O Efeito Inspirador dos Gênios

Seja Jordan no basquete, Federer e Nadal no tênis, Phelps na piscina ou Watson no Jeopardy!, o impacto é sempre o mesmo:

Quando alguém redefine o que é possível, os outros se levantam para superar.

As máquinas podem vencer partidas. Podem nos surpreender. Mas o que elas não entendem – o que talvez nunca entenderão – é o poder da inspiração. O desejo inato dos humanos de olhar para o impossível e dizer:

— "Agora é a minha vez."

Watson venceu. Mas os jogadores do Jeopardy! voltaram melhores, mais rápidos e mais afiados. E o mesmo acontece em qualquer arena onde o talento surge e redefine as regras do jogo. Porque, no fim das contas, o gênio não é o fim da história.

O gênio é apenas o começo de algo ainda maior.

Conclusão: O Futuro Pertence aos que se Preparam para Aprender

A história da inteligência artificial é, acima de tudo, a história de nossa própria evolução. Desde o dia em que Alan Turing perguntou se máquinas poderiam pensar, até o momento em que elas começaram a desafiar, vencer e até criar, uma coisa ficou clara: não há fim para o que podemos alcançar.

É comum sentir um frio na espinha quando olhamos para o horizonte. A IA está mudando tudo: o trabalho, as relações humanas, a arte, a ciência. Como em qualquer revolução, há um medo natural do desconhecido. E com razão. Haverá problemas a enfrentar: dilemas éticos, questões sociais e desigualdade.

Mas aqui está o segredo: o futuro não pertence aos que temem o que está por vir. O futuro pertence aos que se preparam para abraçar o novo.

15

A Mente Preparada: O Mindset de Crescimento

Carol Dweck, em seu livro "Mindset", nos apresentou duas maneiras de olhar para o mundo: com uma mente fixa, que teme o erro e evita desafios, ou com uma mente de crescimento, que vê no desconhecido uma oportunidade para aprender e se reinventar.

A inteligência artificial não é o fim do caminho. Ela é uma porta aberta. Enquanto alguns olham para a IA com desconfiança, temendo que ela os substitua ou os ultrapasse, outros estão olhando com curiosidade, perguntando:

— "O que posso aprender com isso? Como posso crescer?"

Essa é a chave. O progresso tecnológico não nos paralisa; ele nos provoca. Ele nos desafia a abandonar a arrogância do "eu já sei" e a abraçar o mindset de crescimento:

- Oportunidades em vez de ameaças.
- Aprendizado em vez de medo.
- Curiosidade em vez de resistência.

O Poder da Mente do Iniciante

Há um conceito fundamental na filosofia zen, chamado "Shoshin", a mente do iniciante. No livro "Mente do Iniciante", somos lembrados de que, quando começamos algo novo, abordamos aquilo com curiosidade, abertura e a capacidade de ver possibilidades infinitas.

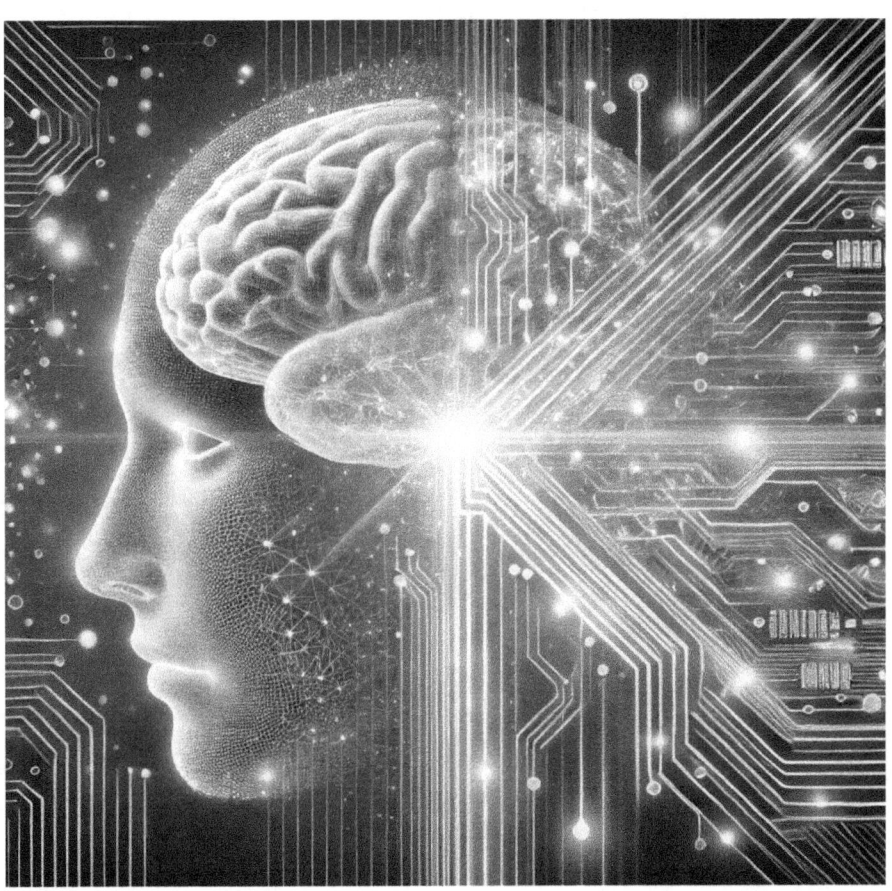

A inteligência artificial está nos colocando nesse ponto novamente. Ela exige que sejamos iniciantes, que voltemos a olhar para o mundo como crianças que tocam um piano pela primeira vez ou que descobrem como funciona uma máquina fascinante.

— "E se? Como? O que mais posso aprender?"

Aqueles que estiverem dispostos a adotar essa postura - não de especialistas, mas de exploradores, de curiosos - serão os que irão prosperar. Não precisamos entender redes neurais ou programar linhas de código para fazer parte desse futuro. Precisamos apenas da abertura para o novo, do desejo de continuar aprendendo, adaptando-nos e crescendo.

16

O Futuro Inspira - Se Escolhermos Acreditar

Cada revolução foi assim: o fogo trouxe medo, mas iluminou a noite. A prensa de Gutenberg assustou alguns, mas democratizou o conhecimento. O motor a vapor roubou empregos, mas criou indústrias que mudaram o mundo.

A inteligência artificial não é diferente. Ela vai exigir adaptação, sim. Ela vai nos tirar da nossa zona de conforto. Mas ela também vai libertar a mente humana de tarefas repetitivas, abrir novos horizontes na ciência, na arte e na compreensão do próprio ser humano.

É como se a IA estivesse nos dizendo:

— "Deixe o pesado comigo. Explore o que só você pode fazer: criar, sentir, conectar."

Para aqueles que estiverem preparados, não com certezas, mas com a mente de um iniciante, o futuro é um terreno fértil. Imagine um mundo onde a IA ajuda a encontrar a cura de doenças incuráveis, a combater as mudanças climáticas e a melhorar a educação. Um mundo onde a tecnologia nos devolve algo que perdemos: tempo para pensar, para sonhar e para viver com mais significado.

O Convite ao Desconhecido

O medo é natural, mas é justamente no desconhecido que reside a grandeza humana. A IA não veio para nos substituir; ela veio para nos desafiar a sermos a melhor versão de nós mesmos.

O futuro não será para os que se agarram ao passado, nem para os que resistem ao novo. Será para aqueles que se abrem para aprender, para aqueles que ousam manter viva a mente do iniciante.

Alan Turing, em sua pergunta sobre máquinas pensantes, não buscava respostas definitivas. Ele buscava provocar a curiosidade. Hoje, diante da IA, cabe a nós fazer o mesmo:

- Abandonar o medo do fracasso.
- Abraçar o desafio de crescer.
- Enxergar a tecnologia como uma aliada, não como uma ameaça.

O futuro pertence aos que dizem:

— "Eu não sei tudo. Mas estou pronto para aprender."

Porque, no fim das contas, o que nos torna verdadeiramente humanos não é o que já sabemos, mas a nossa capacidade infinita de aprender, de criar e de evoluir.

O desconhecido está à nossa frente, e a escolha é nossa: olhar para ele com medo ou com entusiasmo.

Prepare-se. Aprenda. Cresça. Porque o futuro - para aqueles que se abrem para ele - será extraordinário.

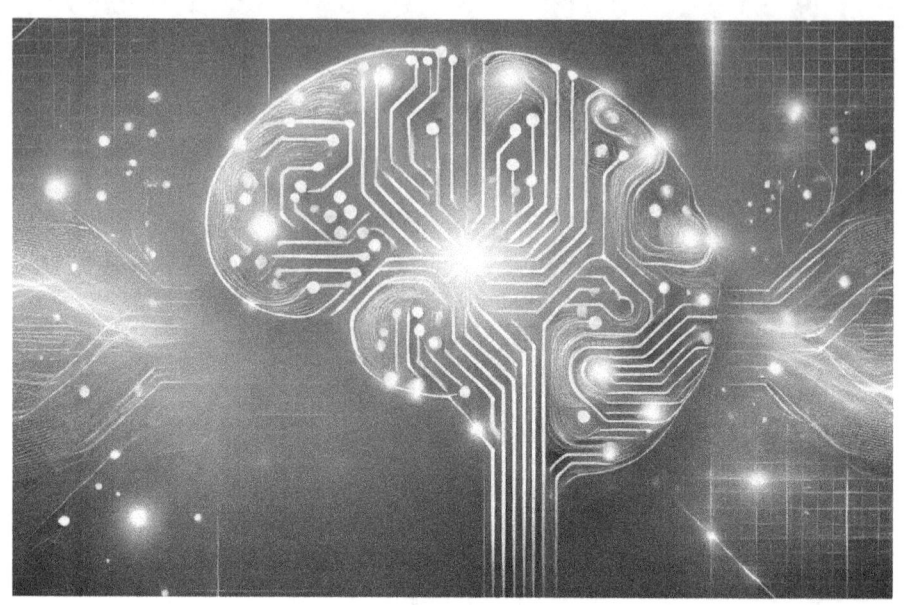

Autoria

Este livro não foi escrito por um especialista em tecnologia, nem por alguém que domina códigos ou redes neurais. Ele nasce de um olhar curioso e apaixonado pelo ser humano e sua capacidade única de se reinventar. Escrevi com a mente de um iniciante, aberto ao desconhecido, sem medo de perguntar, de conectar pontos distantes ou de enxergar grandes ideias onde outros veem apenas dados e máquinas.

Afinal, as histórias que moldam a inteligência artificial não são apenas sobre computadores e algoritmos; elas são sobre nós – sobre o que nos desafia, nos impulsiona e nos faz evoluir. Esse livro é um convite a olhar para o futuro com entusiasmo e coragem, lembrando que, em meio a máquinas cada vez mais inteligentes, o que nos torna humanos é a capacidade de seguir aprendendo, criando e crescendo.

Extra

Linha do Tempo Detalhada da IA

1940s: Os Primeiros Conceitos e as Bases Matemáticas
- 1943 - Redes Neurais (McCulloch e Pitts):

Warren McCulloch e Walter Pitts publicam o artigo "A Logical Calculus of Ideas Immanent in Nervous Activity". Eles criam o primeiro modelo matemático das redes neurais, inspirado nos processos do cérebro humano.

- 1945 - A Arquitetura de Von Neumann:

John von Neumann propõe a arquitetura dos computadores modernos: armazenamento de programas na memória e execução sequencial. Essa estrutura se torna a base para o desenvolvimento de máquinas mais avançadas.

- 1948 - Norbert Wiener e a Cibernética:

Norbert Wiener lança "Cybernetics: Control and Communication in the Animal and the Machine", criando o conceito de feedback, essencial para sistemas de controle e aprendizado.

1950s: A Formalização e o Sonho da IA
- 1950 - O Teste de Turing (Alan Turing):

Alan Turing publica "Computing Machinery and Intelligence", propondo o Teste de Turing como critério para avaliar a inteligência de máquinas.

- 1951 – O Primeiro Programa de Xadrez:

Christopher Strachey desenvolve um programa rudimentar de xadrez no computador Ferranti Mark I, capaz de calcular movimentos básicos.

- 1952 – Máquina de Jogar Damas (Arthur Samuel):

Arthur Samuel cria o primeiro programa de aprendizado para jogar damas. Ele melhora seu desempenho aprendendo com suas próprias partidas.

- 1956 – A Conferência de Dartmouth:

John McCarthy, Marvin Minsky, Nathaniel Rochester e Claude Shannon organizam o evento que marca o nascimento oficial da Inteligência Artificial como campo de estudo.

- 1958 – A Linguagem LISP:

John McCarthy desenvolve LISP, a linguagem de programação para IA, que se torna padrão para experimentos em inteligência artificial simbólica.

1960s: Primeiros Sistemas e o Otimismo Inicial

- 1961 – O Robô Unimate:

O Unimate, o primeiro robô industrial, é implantado em uma linha de produção da General Motors para realizar tarefas repetitivas.

- 1964 – Eliza, o Primeiro Chatbot (Joseph Weizenbaum):

Joseph Weizenbaum cria Eliza, um programa que simula um psicoterapeuta rogeriano. Embora simples, Eliza engana usuários, criando uma ilusão de conversa humana.

- 1965 – DENDRAL (Edward Feigenbaum):

Surge o sistema DENDRAL, considerado o primeiro programa de IA especialista. Ele analisa dados químicos e gera hipóteses sobre estruturas moleculares.

- 1966 – O Declínio do Otimismo:

Experimentos revelam as limitações dos sistemas baseados em regras. Financiadores começam a se frustrar com a falta de resultados práticos.

1970s: O Inverno da IA e os Sistemas Especialistas

- 1970 - O Primeiro Robô Móvel (Shakey):

No Stanford Research Institute, o robô Shakey combina percepção, planejamento e ação. É o primeiro robô a se mover autonomamente em um ambiente controlado.

- 1972 - PROLOG:

Surge a linguagem de programação PROLOG, voltada para a lógica declarativa e amplamente usada em IA simbólica.

- 1974-1980 - O Primeiro Inverno da IA:

Financiamentos são cortados quando a IA falha em entregar as promessas feitas nos anos 1960. A pesquisa desacelera.

- 1979 - O Habilidoso Robô Freddy:

O robô Freddy II monta objetos simples a partir de peças espalhadas, combinando visão computacional e manipulação física.

1980s: O Renascimento com os Sistemas Especialistas

- 1980 - A IA nos Negócios:

Os sistemas especialistas, como o XCON da Digital Equipment Corporation, ajudam empresas a automatizar decisões e otimizar processos.

- 1986 - Avanços em Redes Neurais:

O algoritmo de backpropagation é aperfeiçoado, permitindo redes neurais mais eficazes no aprendizado supervisionado.

- 1987-1993 - O Segundo Inverno da IA:

Sistemas especialistas falham em se adaptar a novas situações. O entusiasmo pela IA cai novamente, e os investimentos diminuem.

1990s: A IA Começa a Mostrar Resultados
- 1995 - Sistemas de Busca e Dados:

Com o crescimento da internet, surgem os motores de busca, que utilizam algoritmos para classificar e recomendar informações.

- 1997 - Deep Blue vence Kasparov:

O supercomputador Deep Blue, da IBM, derrota o campeão mundial de xadrez Garry Kasparov. A vitória é simbólica: a IA finalmente supera o ser humano em uma tarefa intelectual específica.

2000s: A Explosão de Dados e Algoritmos
- 2006 - O Renascimento das Redes Neurais:

Geoffrey Hinton populariza o conceito de Deep Learning, com redes neurais mais profundas e poderosas.

- 2007 - Smartphones e Assistentes Virtuais:

O lançamento do iPhone inicia a era dos smartphones, criando um ecossistema perfeito para sistemas de IA baseados em voz e dados.

2010s: A Era do Deep Learning
- 2011 - Watson vence no Jeopardy!:

O supercomputador Watson, da IBM, vence competidores humanos no quiz-show Jeopardy! utilizando aprendizado de máquina e processamento de linguagem natural.

- 2012 - A Revolução do Deep Learning (AlexNet):

Alex Krizhevsky vence o desafio ImageNet com uma rede neural profunda, iniciando a revolução da visão computacional.

- 2016 – AlphaGo vence Lee Sedol:

A IA AlphaGo, do Google DeepMind, derrota o campeão mundial de Go. O feito é histórico devido à complexidade do jogo.

2020s: A Era da IA Generativa

- 2020 – GPT-3:

A OpenAI lança GPT-3, um modelo de linguagem com 175 bilhões de parâmetros, capaz de gerar textos impressionantemente humanos.

- 2022 – IA Criativa:

Ferramentas como DALL·E, MidJourney e Stable Diffusion produzem imagens, obras de arte e conteúdos visuais com base em descrições textuais.

- 2023 – GPT-4 e o Avanço dos Assistentes:

Modelos multimodais surgem, ampliando a IA generativa para compreensão de imagens, voz e textos, tornando assistentes pessoais mais humanizados e integrados.

www.ingramcontent.com/pod-product-compliance
Lightning Source LLC
Chambersburg PA
CBHW050303230526
45471CB00005B/2001